唐鳳

Audrey Tang

我所看待的自由與未來

丘美珍・鄭仲嵐 著

目錄

推薦序 人不應被教育，而是給予挑戰與機會 杜奕瑾 7
推薦序 唐鳳的故事vs.你的勇氣與位置 林昶佐 10
推薦序 生囝師仔，飼囝師父 陳怡光 13
推薦序 神奇的外星人：唐鳳的故事 詹宏志 16
推薦序 隨時在網路上等你召喚的唐鳳 簡立峰 18
作者序 增幅的滋味 丘美珍 20
作者序 東京遊子，在居酒屋外的奇遇 鄭仲嵐 24
前言 29

Chapter 1 **三十五歲的數位政委** 37
風格奇特的吉祥物／在口罩地圖完成之前／用鍵盤來救國

口罩實名制4.0／天才黑客進入政府／讓公民黑客產生共鳴
台灣的「氣候少女」／民意往何方：從零和到共好
開放政府：線上報稅的改革／獨特的讀書方法
食物是創新的觸媒／社會企業：關懷創業家

Chapter 2 天才兒童 83
我的兒子充滿謎團／小學一年級解聯立方程式／轉入資優班
父子的隔閡／命運中的相遇／跳級到六年級／在德國感受到團體的力量
餐桌上的家庭會議／想回到台灣改變教育！

Chapter 3 自學少年 117
出席大學課堂的國中生／網路界早熟的天才們／何謂黑客精神
察覺到內心呼喚的聲音／不升學念高中了／天才擁抱黑暗
對實驗學校的想法

Chapter 4 導師與隊友 137
從「大家的孩子」到「社群的火苗」／十幾歲正式踏入創業
藝術家獨立協會的夥伴們／與程式語言 Haskell 相遇
領導多國籍社群／兩年的世界壯遊／天才的遠距工作
現在是獻身公共利益的時機／「萌典」與阿美語

Chapter 5 跨越性別的人 173
與非二元性別相遇／想做的事跟性別無關／不敢去廁所的「玫瑰少年」
結婚不結姻／每個人的預設就是自己

Chapter 6 民主社會的公民黑客 189
從網路認識民主制度／g0v 零時政府的誕生／沒有紀律，卻極端有效率
太陽花學運發生的那一天／透明性的挑戰／甩掉「資訊落差」
上傳市民記者證／學生堅持到最後勝利／全部都公開透明
重新詮釋民主的人們／以網路替代馬路

Chapter 7 唐鳳的建言：對未來世界與科技的想像 223

數位政委的優雅詩句／始終保持同感與高度同理心

在網路上，不只下載也要上傳／該如何迎接「奇點」？

科技讓世界更民主？更獨裁？

Chapter 8 召喚唐鳳 239

更多對唐鳳的好奇，就讓她自己來回答吧！

後記 267

影響唐鳳至今的好書清單二十本 270

推薦序

人不應被教育，而是給予挑戰與機會

PTT創辦人、台灣人工智慧實驗室創辦人 **杜奕瑾**

我初認識唐鳳，是從一九九五年的唐宗漢在開源社群嶄露頭角，在網路社群上也可以看到他不厭其煩地討論各種尖銳的問題。第一次見到他，是中研院開源的討論。

在九〇年代，台灣因為學術網路前瞻的部署，讓第一批數位菁英嶄露。我也發現，當年主動到PTT、愈習慣在眾口鑠金挑戰中取得粗略共識的版主們，愈容易在日後的職涯成功。這群數位先鋒者想說、想做些什麼，就去動手驗證，愈早愈好，在做中就可以學習。這與一般台灣的教育，父母只要小孩成績好，把時間全花在念書與補習，有很大的差別。

在那個年代，求學的路程強調成功的榜樣與標準答案，藝術創作是保密防諜，文章寫的是反共八股文。ＰＴＴ也有幸在這種開放式社會的數位創新環境下，開始與第一流的菁英合作。

而天才型的人，在當時台灣的主流教育制度下，常常難以被認同。直到我到美國國家衛生研究院與微軟工作的期間，發現頂尖的人會很熱衷到自己想去體驗的地方打工，學校教育教導的是基本技能，而離開學校後的跨領域專業、體驗社會創新和做中學習，彼此之間沒有清楚的界線。

網路開啟的世代後，是個快速數位變遷的時代。圖書館、電視傳播不再追得上世代的腳步；百萬人級的社群所發起討論的議題，則是無時無刻變換的戰場。學習面對挑戰後的快速反應才是最好的導師，找到問題源頭、提出方法，比得到標準答案更有意義。

有價值的問題常不會有答案，標準答案也只是過去的一種解法，不見得是唯一或永遠的真理。需擁抱開放開源與社群所自然演繹出的敏捷式開發，以快速的目標開發，循環漸進式定義問題，並再研發驗證與釋出。

我見過的天才團隊成員，其不務正業對生活的批判，往往才是創意的源頭；保持飢餓與不相信完美，是執行的動力；一路異議分子才會成為最好的朋友。訂好目標但永遠不會完成，而是不斷精進；孤獨求生常是經濟學尚未解釋的藍海獲利法則。

人工智慧的時代，會加速數位競爭力的落差，更需要對未來教育的反思。我推薦這本書。讓每個人有自己適合的成功方式，讓天才們不孤單。

推薦序

唐鳳的故事vs.你的勇氣與位置

立法委員、閃靈樂團主唱　**林昶佐**

唐鳳，因「口罩地圖」而成為日本人眼中的天才ＩＴ大臣，是當前國際社會的台灣代名詞之一。

在信奉台灣傳統體制教育者的眼中，她是「非典型」年輕人，卻代表台灣教育的多元與開放，更體現了台灣從「我」到「我們」的共好價值。這本書讓大家看見，一個非典型國家有能力孕育出非典型年輕人，這個成就能讓你對台灣人充滿興趣，對台灣充滿信心。

台灣當然還有許多需要改革與進步的面向，但也毋需悲觀，不少年輕人愛拿台灣與國際比較，總認為國外的月亮比較圓，比來比去就是看不見自己的好，常拿著放大鏡挑錯處。

台灣長期被排除在國際秩序之外，缺少和其他國家的正常互動，自己悶著頭做了很多努力，現在回頭一看，其實我們耕耘也有豐碩的成果，尤其是台灣這個「社群」培養了很多類似唐鳳的年輕人，只是我們過去沒有站在這個角度看台灣。過去看待如我、唐鳳、高嘉良這樣的年輕人，不是符合社會所期待的乖寶寶，按體制內的教育方式，不應該長出像我們這樣的年輕人，不是傳統體制教育想塑造出的樣板。

此時的台灣，走到了正面看待甚至期待非典型年輕人的階段，每個人都可從閱讀唐鳳的故事中，尋找並獲得屬於自己的勇氣，進而找到自己的崗位。

這本書能幫助讀者重新思考自身的定位，及如何面對下個世代進行各種更多元、更有勇氣的選擇，這些選擇能夠讓自身的能量帶動大家的進步，不只實踐自我，更是實踐群體的夢想。

《唐鳳：我所看待的自由與未來》一書在國際上呈現，是促使台灣變得更自信的時刻。透過閱讀來積累自身勇氣與找到位置，可讓此時的自信不只是因為疫情所激發的片斷式激情，而是台灣未來整體形象的延續。

推薦序

生囝師仔，飼囝師父

台灣自學教父　陳怡光

有關唐鳳的天才兒童傳奇，在本書第二章族繁不及備載，但我想談唐鳳的爸媽如何陪伴她長大，就算我們生不出一個智商跟身高一樣高的孩子，也可以養出一個情商跟身高一樣高的孩子。

凡職務裡面有個「長」字，如董事長、機長、院長和廠長，除了要有專業知識和能力外，多半都得累積相關的工作經驗才能當上X長。然而，大多數的家長養成，是在孩子出生後，才開始做（錯）中學如何當父母；而最常犯的錯，就是嘗試複製自己的成長經驗到下一代。

然而，要複製經驗，首先得熟悉前一次經驗。但我們對自己兒少時期的成長，除了功課沒寫完和考不好被打記得很清楚外，其他的記憶都是片段且模糊的，因此很難整理出一套教養方式。再者，孩子的人格特質、興趣和擅長都跟我們不一樣，我們的經驗法則套在他們身上，常常是牛頭不對馬嘴。最後，孩子所面臨的時代挑戰，跟我成長的時空完全不同，他們不需要背知識，但需要有問問題和找答案的能力，我們過去的讀書方式，現在已經不管用了。

我記得唐鳳的媽媽李雅卿曾經跟我分享過，唐鳳會不厭其煩地跟她解釋遇到的各樣問題，而雅卿即便不懂她在說什麼，也是耐心地聽她把話說完，從不打斷，也不會要她閉嘴走開、不要煩大人，只在適當時機提出：「這挺有趣的，那你認為呢？」之類的支持性問句，讓唐鳳自己透過各種方式找到答案。通常，把問題說明完畢後，唐鳳自己就會恍然大悟，然後默默飄走，去想下一個問題。

雅卿和光華（唐鳳父親）不只是形式上支持唐鳳，在實質上更是如此。不論是十二歲決定從德國回到台灣做教育改革，或二十四歲從男性跨到女性，只要她的決定有理，當家長的就是力挺到底。在這樣以理服人的家庭長大，唐鳳不但可以隨心所欲地發展資訊方面的長才，也培養出驚人的情緒商數。

俗語說：「生囝師仔，飼囝師父。」父母提供孩子溫飽只是基本功，真正師傅級的家長，是在勞累一整天回到家後，除了要壓抑不問孩子的功課和成績外，還得聽他們講一堆大人聽不懂的話，那才是真正的修練。但只要家長持之以恆，就有機會養出情商跟身高一樣高的孩子。

推薦序

神奇的外星人：唐鳳的故事

台灣網路教父、網路家庭董事長　**詹宏志**

二〇一八年，我費盡心力把APEC（亞太經濟合作）的一個數位論壇活動辦到台灣來（了解台灣外交處境的朋友，就知道這件事得來不易）。我的神來之筆，是把唐鳳安排到論壇當中，又讓她在每一場餐會坐在不同的桌次。果然唐鳳表現驚人，每個國家的代表都驚訝地問我：「Who is he?」或「Who is she?」當我得意洋洋回答說：「她是我們的數位部長。」所有外國代表都覺得我們台灣太酷了！

因為疫情的緣故，現在全世界都知道台灣太酷了，能用並敢用這麼一位神奇的天才數位大臣！這本書裡頭，我們會讀到更多唐鳳的獨特組合，她是政府高官，但她是個無政府主義者；她主持重要政務，但她用的全是NGO的方法；她是點石成金的電腦神童，但她只從事公益社會運動；她頭腦那麼犀利，她的用心卻是那麼溫柔……唐鳳太酷了，連帶也使台灣看起來很酷。

我知道她一定不是這個地球的人，雖然我認得她的父親、母親、舅舅、外婆，我仍然確知她是偶然來到地球（從事某種任務）的偽裝者。但同樣做為一個潛藏的偽裝者，我已經成功地使世人相信：一，我不是天才；二，我只是平凡的地球人；三、我不會控制別人的腦波。但這三件事唐鳳都沒能夠做到，我很替她擔心……。

推薦序

隨時在網路上等你召喚的唐鳳

Google台灣前董事總經理　**簡立峰**

唐鳳是她，超前與多元！

她的橫空出世，或者稱作亂入政府，一下就把台灣的國際意象提升到好萊塢科幻大片等級！

她超前。喜歡戴著ＶＲ頭盔，悠遊三百六十度虛擬世界；不被動地等著未來科技的到來，透過強大的好奇心與想像力，她超前感受明日世界。

她多元。是台灣政府的ＩＴ大臣、網路上公益黑客、懂科技的詩人；重視開放、透明，看似天才冷漠，但她超高ＥＱ，也是父母的小孩。

比起眼花撩亂的未來科技，她更關心科技對未來的影響，希望科技讓人們更加共好，認為與其等待機器學習這些高科技的到來，不如人們先好好協力學習！

她是唐鳳！我們沒必要片面解讀她對未來科技與世界的想像；有興趣就直接在網路上召喚她吧！

作者序

增幅的滋味

丘美珍

二〇二〇年的新冠肺炎改變了世界，也改變了許多人的人生，包括我自己。許多日本人在這一年因為台灣抗疫有成，發現了唐鳳，也發現了匯聚在她身上種種戲劇化的元素：最年輕的內閣成員、跨性別實踐者、自學天才。於是，彷彿夢境一般，我接到日本《文藝春秋》出版社的邀約，請我寫一本唐鳳的書。

對於一個寫作者來說，能跟村上春樹在同一個出版社出書，絕對是畢生難忘的經驗。但是因為成書時間緊迫，我邀請在日本工作、通曉日文，又有記者訓練的仲嵐一起共筆，兩個人一起合力實踐了這個夢境。

這本書在日本上市一週，就在亞馬遜書店分項排行榜獲得三個熱銷第一，在國際教育、網路入門、性別議題上獲得讀者青睞，完全驗證這半年唐鳳在日本的高人氣。

感謝《親子天下》很有心的爭取到中文版，讓這本書有機會來到台灣讀者的眼前。

跟我年紀相仿的台灣讀者，幾乎是看著唐鳳長大的。透過她母親李雅卿《成長戰爭》那本書，我們見證了一個天才十六歲以前的成長軌跡。但是，十六歲之後的唐鳳，究竟發生了那些事，引導她一路成為現在的自己？大部分讀者只有片段的記憶，很難說出完整的脈絡。

更為年輕的讀者，則是從二〇一四年太陽花學運後，看到唐鳳如何以聰慧、機智又優雅的樣貌，穿梭在公民社群或網路中。但是，對於唐鳳的過去，除了維基百科上的敘述，也難有更深刻的聯想。

這本書試著串聯起唐鳳的過去、現在，和她所看到的未來，並兼及台灣近四十年來社會變遷的脈絡。回首一瞥，不論在公民政治、教育改革、兩性平權或社會創新的領域中，生活在台灣的人們，會發現我們走了好長好遠的一段路。即便現況永遠不會令人滿意，但是，對於過去大家一起努力的成果，仍願一起深深珍惜。

書寫這本書時，我心懷感恩。首先，要謝謝知名的專欄作家野島剛先生，邀約我在多語網媒 nippon.com 上書寫唐鳳，因此，讓我的文章有機會以日文發表，這是一切神奇緣分的起點。

日本《文藝春秋》出版社的編輯安藤泉小姐，非常勇敢地，向一位從來沒有合作過的台灣作家提出合作邀約，也讓我深深地讚佩她的專業及勇氣。在合作出書的過程中，她的支持、鼓勵和對書籍的用心，都讓我見證了一個編輯的典範。

在寫作時，感謝唐爸（唐光華）、唐鳳的師長、好友及工作夥伴接受採訪，與我們分享唐鳳的故事。特別在唐鳳的童年及少年時代，我們不免再次重現這個家庭的共同記憶，不過，由唐爸視角觀看的家庭記憶，與之前在《成長戰爭》中略有不同。細心的讀者可以發現其中的差異，享受解謎的樂趣。當然，最後也邀請了唐媽（李雅卿）閱覽這部分的稿件，以免遺漏細節。

不論日文版或中文版，封面照片都出自台灣攝影師 Jessie Ho，這些細緻的影像，捕捉了唐鳳靈魂中的知性及感性，為這本書的本質做了最佳的詮釋。

共筆作者仲嵐在疫情期間身處東京，在離鄉的不安中，仍然全力投入寫作，並擔任起與日本出版社聯繫的窗口，勞心勞力，在此深深感謝。

在緊湊的成書過程中，趕稿成為日常，不免影響到家人的日常生活。感謝婆婆、先生及三個孩子的包容及體諒，讓我心無旁騖，最後終於完成這個不可能的任務。

唐鳳本人，就如同書中所呈現的一樣機智、親切、可愛。在跟她接觸的這段時間，我的確感受到被「增幅」的效應。如果此後，朋友們覺得我變得比以前更聰明，不用懷疑，那是來自唐鳳腦波的力量，我確定。

作者序

東京遊子，在居酒屋外的奇遇

鄭仲嵐

我在二〇二〇年一月初時，有幸代表日本《東洋經濟週刊》採訪唐鳳政委並撰文。先前擔任BBC中文特約時，曾有幸在二〇一六年政委剛上任時，透過網路簡單跟她訪問，那時就對唐鳳善用新科技，留下深刻的印象。

《東洋經濟週刊》那次的專訪起先不算大紅，直到我採訪完總統選戰，在二月來到東京時，全世界已經逐漸被新型冠狀病毒籠罩。等到三月初任新職後，唐鳳已經因為集結眾人智慧、協助改善口罩APP，變成日本電視節目都在熱論的關鍵人物。拜唐鳳知名度大增，專訪的人氣也飆升，到本序撰寫的十月中，已經突破五．五萬次臉書分享，近一百二十萬次點閱，是他們近期點閱率最高的文章，足以見得唐鳳在日本的爆紅程度。

人生有時真的機緣巧妙。我在日本擔任編輯兼記者時，美珍姐是我第一個接觸的專欄作者，當時我處理她撰寫唐鳳的文章，該文在日本受到注目之餘，美珍姐也接到寫書的邀約，於是她來詢問我，是否能跟她一起合作。原先我以為只是建議並提供日文意見的角色，但是進一步深談之後，美珍姐大膽地問我「是否願意跟她一起合作寫書」。

當時日本因為新型冠狀病毒，東京從舉辦奧運的歡騰，到進入死氣沉沉。初來乍到東瀛，結果東京因為疫情陷入自肅狀態，我整天被關在家，對新環境也不熟悉，加上工作還未上手，不由得積累一些莫名的低氣壓情緒。

聽到美珍姐的邀約，當初也會懷疑自己的能力是否能勝任。不過美珍姐認為，這是很好的文字外交，如果沒有我的幫忙，她也只能忍痛放棄這個機會。身為台灣人，又是媒體業，一向都知道台灣外交在外的艱難，轉念一想，我就在寒風刺骨的居酒屋外，答應美珍姐邀約。

過往在前線擔任記者，大部分都是衝鋒陷陣後，再彙整並及時有效地傳達當天的資訊給讀者。然而寫書卻大不相同，不僅章節層次要分明，也要適時扣住讀者情緒，這點從美珍姊身上我學到很多。也很有幸第一本書對象是以唐鳳為主角，她談吐優雅，腦袋轉動快速，也具備高度同理心，我想這些都是她的家庭給她打的良好基礎。

當然，本書不只唐鳳本人，美珍姐跟我也採訪了唐鳳在人生不同時期遇到的關鍵人物。包括父親、摯友、事業夥伴以及求學時期的師長等，不由得讓人覺得，唐鳳雖然是個聰明絕頂的人才，但雙親對她意見的尊重、師長對她的體諒、摯友跟她的革命情感、事業夥伴跟她的腦力激盪，造就更完整的她，也讓本書客觀呈現了唐鳳的另一面。

本書的章節，也有提到改變台灣民主運動的太陽花運動。學運剛發生時，我不過是個剛入新聞業的菜鳥，雖然不是政治組的，但是從第一天開始，就每天跑到現場去，除了聆聽現場聲音外，也看到前輩記者怎麼應對，這在我後來採訪韓國總統朴槿惠彈劾與香港反送中等社會運動時，發揮不少作用。在本書撰寫其中的文字時，我也重新去翻閱太陽花學運時自己拍攝的照片與影像，有些畫面至今仍歷歷在目。

無可諱言地是，在學運後，台灣政治起了很大的變化。本書的日文版在撰寫之初，也想把台灣經驗與日本對政治無感的年輕人分享，希望他們能多參與政治及社會公共議題的討論。社會改變常在潛移默化中發生，如此一來，對未來的不確定感就會降低，這也是唐鳳所堅信的理念。

透過這本書，除了更了解唐鳳的人生歷程外，希望能讓每個人都有所感觸。新型冠狀病毒可能讓全世界一時陷入低沉，但未來依舊要靠我們一起攜手慢慢改變。引述一句古巴英雄切・格瓦拉女兒亞蕾伊達・格瓦拉的話：「今日，最有用的武器是知識和認知，讓我們繼續一起為了更美好的世界戰鬥。」

本書也是我的第一本書，在此感謝美珍姐的提攜，以及台灣與日本、歐美外媒的記者前輩們，原諒我無法一一羅列，但您們都是我記者生涯的導師。還有ＢＢＣ中文的教導，他們對議題的寬容與積極討論，一直都讓我銘記在心。

當然還要感謝我的家人，在日本照顧我的哥哥仲閔、在英國持續攻讀博士的弟弟仲棠，最重要的就是父親鄭西淇與母親郭巧鶯，感謝你們從小培養我文學素養，如果今天我有一點書寫成就，都歸功於你們的栽培。

二〇二〇年十月十四日於東京

前言

二〇二〇年，新型冠狀病毒襲擊各國，成為舉世災難。在普世的恐慌中，那些能夠提出對策來保護人們的專家，跨越國界，成為世人注目的焦點。台灣的天才數位政委（數位政務委員，在日本的體系中稱為「ＩＴ大臣」）唐鳳，因為口罩地圖ＡＰＰ，成為媒體熱門人物，就這樣來到日本人的眼前。

在二〇一六年，以三十五歲之齡，成為數位政委的唐鳳，是一個充滿傳奇的人。傳說她ＩＱ一八〇，學歷卻只有國中。傳說她有黑客（Hacker）ＤＮＡ，是隨時能出手寫下程式的高手。傳說她是矽谷創業家，也是比特幣富豪。傳說她曾經擔任蘋果電腦 Siri 顧問，也坦然表達自己是跨性別者。

在二〇一九年，她入選知名美國外交雜誌（Foreign Policy）全球百大思想家（100 global thinkers）的行列。她思考敏捷、中英文流利，往往能以意外的角度觀看世界，以深入的剖析解讀人心。這些特質，也讓她成為全球媒體寵兒。新冠肺炎期間，有多家國際媒體訪問她，請教台灣的防疫策略，她總是在幾分鐘內就講出重點。近期訪問她的《Wired》雜誌，說她回答問題時，「展現出驚人的聰明。」

人們總是對天才感到好奇。起初，有人問起她的智商到底有多高，她總是很有耐心地回應：「求學時期，學校幫我做過三次測試，每次都是最高的那個等級一六〇。意思是至少一六〇，但不知道確切是多少。」到後來，她也會補充：「在網際網路時代，其實每個人都是智商一八〇。」

在小學一年級時解出九元一次方程式的她，很早就被學校鑑定為天才兒童。但是，此後她的人生並沒有因此一帆風順，反而是處處面臨考驗。如果不是她和家人最後找出了與這個世界相處的方法，關於唐鳳，可能就會是完全不一樣的故事了。

在撰寫這本書的過程中，我們也一直在思考，這個世界上，具有黑客技術的天才應該不少，到底是什麼因素，讓唐鳳活出了跟別人不同的人生呢？

在歐洲的文藝復興時代，出現了達文西這樣的人。有一次他為了要找工作，寫了一封求職信給未來可能的老闆，信上面寫著：「我會造橋，也剛好會畫畫。」意思是說，他是工程師，也剛好是畫家。正是這樣融合不同專業特質的「文藝復興人」，為人類歷史寫下了瑰麗璀璨的篇章。

就像達文西造橋跨越河流兩岸，唐鳳在人生中，也不斷跨越現實中的種種界線。她曾經是男性，如今是跨性別女性。她雖然在台北出生，但足跡跨越許多城市。她能寫程式，也熱愛寫詩。

親耳聆聽唐鳳朗誦詩句，是動人的片刻。對唐鳳來說，不論她如何喜愛科技和網路，她的心中總是有詩句。她從小學就熱愛寫詩，甚至，在就任數位政委工作之時，有中外媒體問到「你的工作在做什麼」時，她寫了一首中英對照的詩當做答案，讓別人一聽就懂。

另有一次，她應媒體的邀約，完整地以英文一字一字朗讀了加拿大詩人兼歌手柯恩（Leonard Cohen）的《Come Healing》：「枝枒的渴望，將嫩芽提拔，動脈的渴望，將血管淨化……」她微微瞇起眼睛，沉浸在詩裡的想像，臉上盡是平安祥和，把聽者帶入一個身心與之共感的境界。

她曾經說，即使幾年前她參與太陽花運動時，在那樣喧鬧的現場，只要想起這首詩，就能立刻平靜下來，不跟著現實躁動。或許，既是黑客，又是詩人，才造就了如此與眾不同的唐鳳吧。

數位政委，是與部長同級的高階公務員。唐鳳就任這個職位之後不久，有一次，在接受電視媒體採訪時，被主持人要求以「史上第一」來造句。

她思考一下，脫口而出的是：

「史上第一個把自己辦公室開放，任何人都可以來預約時間的政委。」

「史上第一個以開放政府為主要業務的政委。」

「史上第一以VR人像進行演講的政委。」

所以，唐鳳擔任數位政委，到底在做什麼？當年邀請唐鳳進入內閣的行政院長林全，希望她能做好「開放政府」、「社會企業」、「青年參與」這三種業務。（把這三個看起來完全不相干的業務，交到同一個人手上，讓人感覺這個交付工作的人，似乎也是天才啊！）

無論如何，唐鳳以她天才級特異的理解能力，把這三個領域的工作，做出了史無前例的詮釋。

可以說，唐鳳重新發明了她的工作。「社會企業」這個業務，本來是要幫助那些想要用經濟手法解決社會問題的創業家，找到存活的方法。被她執行之後，升級成為「社會創新」，也就是說，她不僅關注這些社會企業的商品或服務，也希望能夠找到改變市場規則的途徑，以免阻礙更多的創新。

「青年參與」這個業務則被她發現，其實不是大人幫助年輕人尋找未來，而是讓年輕人告訴大人，未來應該往哪裡去。

「開放政府」原來的意思是：讓資料透明、讓大眾參與、讓政策留下軌跡、讓各方對話。被她理解後，提出的做法之一，是讓民眾可以透過網路平台對政府許願，也讓政府部門的年輕公務員，有機會進行由下而上的創新提案。

個性溫和的唐鳳，自己卻以「激進的透明」（radical transparency）來示範開放政府的做法。上任之後，她把部門內每一天的行程、每一場會議的逐字稿、每次接受採訪的內容，以及每次與訪客的對談，不論中英文，全部公告在一個工作紀錄的網站上，任何人都可以全文檢索，不用密碼。

如果以「唐鳳」的中英文來搜尋，從工作紀錄上可以很清楚看出，從上任至今，唐鳳在各式會議、訪談中，一共發言十二萬一千八百五十五次（到二〇二〇年十月十八日），每一次她說了什麼，都清清楚楚。

她每天從早上七點工作到晚上七點，最近開始走路上班，晚上幾乎不應酬，每天回完所有的電子郵件才睡覺，通常每天睡七．五到八小時。工作如此投入的唐鳳，卻不諱言自己是「持守的安那其」（conservative anarchist），她不認為政府是萬能的，反而相信，民眾如果能夠透過合宜的方式，參與政府的運作，兩方一起合作，這樣才能成就更好的治理。

所以，她曾說：「我不是為政府工作，我是與政府一起工作，我不是為人民工作，我是與人民一起工作。我是一個通道，人民透過我激進的透明，可以看到政府如何運作，可以找到參與、給意見的方式，進而向政府許願。」

回溯那些一直圍繞在唐鳳身邊的傳說，我們希望，這本書，就像偵探一樣，一一驗證那些日積月累的唐鳳傳聞。隨著各個章節的展開，我們期待讀者像是穿越時空一般，陪伴那個在小學一年級就寫出九元一次方程式的孩子，一起經歷她曾有過的煩惱、困惑和驚奇。

Chapter 1

三十五歲的數位政委

史上第一個開放辦公室，讓所有人預約的政委；
史上第一個以開放政府為主要業務的政委；
史上第一個以VR人像演講的政委。

眾人之事，眾人助之。

——唐鳳

風格奇特的吉祥物

不論從哪一方面來看，唐鳳都是一位奇特的公務員。

首先，數位政委，是以前沒有人做過的職位，她是台灣史上第一位。其次，如果解讀她的工作角色，可以很清楚看到四種身分：公民黑客、政策協作者、數位大使，以及引起最多話題的「吉祥物」。

她天生有一種樂天幽默的特質，內嵌在性格中。她常常穿梭在各種網路社群，有時順手留下三言兩語，就會引爆話題。當她發現自己有這種「只要出現，大家就會開心」的能力之後，她決定自封為「吉祥物」，樂此不疲，展現她頑皮的童心。

在擔任數位政委之前，她曾被傳說是「台灣十大電腦高手」，雖然她澄清過她不是，但是，她在台灣最大的BBS站PTT（有一百五十萬註冊者），仍然是神一般的人物。如果有人在PTT上發文說：「我今天在街上看到唐鳳！」下面的留言就是一連串的「朝聖」、「有神快拜」、「可以去買樂透」等等。

她就是這樣受到崇拜，擁有高人氣。

當然，網路並不是完全美好的地方。即使擔任數位政委之後，偶爾，也會有人發文攻擊她。當碰到這樣的尷尬場面，她會在這些文章下面留言，謝謝對方指正，並且心平氣和提出說明。

例如，最近有人在網路上批評她長髮造型難看，這位網友嗆唐鳳：「你的髮型落後一百多年！」唐鳳完全沒有火氣地回應：「感謝具體建議。防疫期間確實沒空造訪好剪才，下週來改造型。」順帶一提，這間髮廊是間回應社會使命的社會企業髮廊。

可以想像，在唐鳳留言之後，支持者開始騷動，一連串的留言寫著「我的（留言）在唐鳳下面」、「腦袋裡東西才重要，支持委員繼續留長髮」、「是本人！期待新造型」。

另外一種網路鄉民最愛的儀式，叫做「召喚唐鳳」。網友在自己的臉書或Twitter發言，從嚴肅的政策建言，到搞笑的創意，只要標註唐鳳，就有可能看到她本人親回。

在防疫期間，台灣的口罩數量從不足到有餘，二〇二〇年四月二日，有網友在Twitter留言建議：「想要把自己多餘沒有去領取的口罩，捐給國外的醫護人員。」這則推文後來被網友標註給唐鳳，竟然真的引來唐鳳在推文下面留言：「建議收到，感謝貢獻！」

之後，在唐鳳與政府各部門協調後，台灣在四月二十七日正式推出口罩捐國際的政策，每個人用健保卡進入口罩預購系統，就可以捐出自己的口罩，還可以選擇要不要具名。不到一個月，這名網友就經歷了一次神奇的「心想事成」。

當然，關於唐鳳的搞笑傳說，也從來沒有停過。有一年，網路謠言傳說「唐鳳智商高達一八〇，會控制人的腦波」，而且流傳甚廣。從那之後，這個「腦波梗」成為網友大愛，被人不斷引用。

有位網友最近在自己的臉書，貼一張用鋁箔紙包住頭部的照片，寫著：「我現在戴好鋁箔帽了，唐鳳應該偵測不到我。」針對這類的留言，唐鳳回應：「其實用鋁箔紙更容易被影響腦波。」並貼了一篇科學文章來跟網友開玩笑互動。有時不承認傳言，有時間接否認傳言，這就是唐鳳的風格。

或者，有人最近在電視專訪中看到唐鳳用的是舊款的 Nokia 手機，就在網路上發文討論：「為什麼唐鳳用這麼舊款的手機？」有網友回應：「她用腦波就可以連上所有人的大腦了，還需要手機嗎？」最後有人猜：「是不是不想被 LINE 煩？」引來唐鳳本尊回答：「樓上正解。」看到成功「釣出唐鳳」，網友又是一陣歡樂！

被問到她每天到底花多少時間來回應「召喚唐鳳」？她很精確地說，每次花五分鐘，一天三次，所以是十五分鐘。可見這位吉祥物雖然能搞笑，但是對時間管理毫不馬虎。

唐鳳管理時間的祕訣，是用「番茄鐘」工作法，每次專注工作二十五分鐘，之後休息五分鐘。她運用這五分鐘上網、回覆網友各式各樣的提問。發明這種工作法的義大利人西里歐（Francesco Cirillo），在大學時代用一個番茄造型的計時器，設定了這種時間區間，後來慢慢流行起來。如今，這種巧妙的工作節奏，成了唐鳳在網路上神出鬼沒的祕訣。

當然，身為數位政委，她的角色絕對不只是吉祥物而已。每天，都有排得滿滿的工作等著她。

她身邊總有很多科技裝備，也擅長用科技方式完成日常工作。有時候，她讓大家戴著VR（虛擬實境）眼鏡來開視訊會議；有時候，她用錄影致詞來取代交通奔波的邀約；大多數的時候，她在演講會場會用好用的提問軟體 Slido 來收集聽眾的問題，整理後再回答。

要把工作化繁為簡，需要訣竅。在這次台灣防疫的過程中，唐鳳擅長團隊合作，與政府以外的專家一起，以敏捷的速度回應民眾的需求。

二〇二〇年一月後，全球籠罩在新冠肺炎的疫情下，受害慘烈。而台灣在防疫過程中，以一連串的創新做法，引起國際關注。其中，「口罩地圖」就是一個話題熱點。

在口罩地圖完成之前

話題的起點，從一位三十五歲的工程師吳展瑋開始。

台灣在一月二十一日出現第一起新冠肺炎案例後，全民瘋狂搶口罩。那時，台灣每天只能生產一百八十八萬片口罩，就算政府釋出四千四百萬片緊急備用口罩，每天，口罩一運到超商販賣，就被搶購一空。

雖然政府限定每個人只能買二片，但因為沒有實名制，可能有人跑了好幾家超商買到十片，有人跑了好幾家超商卻買不到。買不到的人心裡恐慌，就開始在網路上批評政策。吳展瑋看到，這是因為口罩供不應求，才會這樣，所以他嘗試跟抱怨的網友說理，最後兩個人吵了起來。

臉部線條圓潤、眼神柔和的吳展瑋，是Google台南開發者社群（GDG）的成員。他大學念的是資訊工程學系，後來到美國佛羅里達完成資訊研究所碩士訓練。幾年前，他決定回到家鄉台南，創立一個共同工作空間「好想工作室」。因為妻子有全職工作，早出晚歸，而吳展瑋可以在家工作，所以夫妻兩人商量之後，就由他在家負責帶小孩。

身為工程師，他習慣動手寫程式來解決問題。看到這麼多人花這麼多時間去找口罩，造成恐慌，他開始想：如果能夠寫一個程式，讓大家直接回報哪裡的超商還買得到，是不是就不容易撲空呢？「資訊愈透明，民眾的恐慌就愈低。」他這麼認為。

做為新手爸爸的吳展瑋，白天被工作和育兒占滿，能運用的時間只有晚上孩子睡著後。當天晚上，哄完六個月大的小孩睡覺後，他熬了整夜，從晚上十二點寫到早上八點。為了讓「超商口罩地圖」更精準，他運用了 Google 需要付費的地圖資料，他想著，這個口罩地圖是為了服務親朋好友，人數不多，如果付給 Google 幾千元台幣，他應該還負擔得起。

二月二日早上十點，他正式把超商口罩地圖放到自己的網站上，也貼到自己常常出沒的社群。沒想到，經過許多人的分享和轉傳，在線人數每秒都有八、九百人，短短六個小時之後，竟然超過五十萬次點擊！他查了一下 Google 的帳單，上面的金額是二萬美元（約六十萬台幣）！這筆巨款嚇得他趕快關掉網站。

他開始天人交戰。一方面，他知道一定是很多人需要這個資訊，才會有這麼大的流量；但另一方面，這個金額已經超出他的負擔能力。

思考之後，他決定修改程式，二月三日重新讓網站上線，但是，即使如此，短短兩天，他的帳單還是累積到兩萬六千美元。（還好 Google 後來認為超商口罩地圖是符合「新冠肺炎抗疫專案」的公益軟體，把帳單一筆勾銷，吳展瑋才鬆了一口氣。）

二月三日晚上，唐鳳在一個超過七千人的台灣公民黑客（civic hacker，關心公民政治議題的自由軟體工作者）社群 g0v，看到這個創新的超商口罩地圖，也找到了吳展瑋。

那個時候，因為超商對於口罩配銷的業務已經無法負荷，政府打算把口罩配銷交給全國六千二百八十家健保藥局處理。

台灣有著全民健康保險制度，這是幾乎所有國民與在台外國人都會加入的制度，並透過一張ＩＣ晶片的健保卡，將地址與名字切實管理。只要前往全民健保的特約藥局，出示健保卡，就可從ＩＣ晶片掌握姓名與各項資訊。

台灣當時預計搭配健保卡，以實名制領取口罩，每週每人可領取二片。但是，口罩實名制二月六日就要上路，誰有辦法在這麼短的時間內，完成口罩地圖開發呢？唐鳳想到她熟悉的 g0v 社群。

用鍵盤來救國

g0v 由一群自由軟體工作者在二〇一二年組成，由高嘉良、吳泰輝、瞿筱葳等人創辦，唐鳳是其中的活躍人物，成立至今，已經發展成全球前三大的黑客社群。成立以來，這個以公民黑客身分自豪的團體，長期提倡「從零開始思考政府的角色」，主張政府資訊應該更公開、治理更透明，也致力於開發讓公民參與社會的資訊平台與工具，讓大眾免費使用。

在進入政府擔任數位政委之前，唐鳳跟其他活躍者一起在這個社群內，舉辦過多次的黑客松（hackathon）。黑客松是黑客（hack）與馬拉松（marathon）的複合詞，用來表示一個「馬拉松式的科技創作活動」。活動中，每個人以合作的方式進行某個專案製作。g0v 每兩個月舉辦一次黑客松，是個凝聚力很強的專業社群。

在 g0v 社群公開的討論區裡，唐鳳提到，為了讓大家都能買到口罩，接下來政府想要做口罩實名制，到時她會幫忙協調政府，開放健保藥局地圖、口罩配送與存貨數量，她問吳展瑋，是不是可以幫忙寫出新版的藥局口罩地圖呢？

這個訊息在 g0v 社群裡炸開！吳展瑋轉貼到 Google 社群裡，也一樣引起熱烈迴響！兩個社群的工程師們摩拳擦掌，等著要大展身手。吳展瑋很快找到一群GDG志願者，總共六人，組成開發團隊，接下了這個任務。

二月四日下午，唐鳳向行政院蘇貞昌院長報告這個構想，並且獲得院長定案。二月五日清晨，政府公布資料格式，吳展瑋和其他參與的工程師再熬一天夜，緊急完成新版的「藥局口罩地圖」，免費提供給大眾使用。

二月六日，配合口罩實名制，早上十點正式發布藥局口罩地圖APP，全台灣超過六千家健保藥局的資料都涵蓋其中，民眾可以查詢住家附近的藥局和口罩存量。剛開始，口罩存量資料每三十分鐘更新一次，後來進化到每三十秒就可以更新。

事實上，政府開放資料後，誰都可以免費使用這些資料寫程式，提供給大眾使用。因為參與開發的工程師眾多，後來口罩地圖的版本甚至超過一百四十種，民眾可以選擇自己喜歡的版本，視障者也找得到用語音查詢的版本。針對眾多口罩地圖，唐鳳也自己寫了一個入口程式「口罩供需資訊平台」，把所有版本列出來，供民眾選擇。

吳展瑋團隊的新版藥局口罩地圖，從二月六日到四月三十日，累積一千六百萬人次的使用量。之後因為口罩達供需平衡，藥局已經沒有排隊人潮，ＡＰＰ便功成身退。

經歷這次難忘的經驗，吳展瑋的心得是：「寫程式是我們拿手的事，但如果政府沒有讓我們有機會參與，我們就不知道要怎麼幫忙。這次因為有唐鳳政委從中間串聯，她懂得我們的需求和語言，也能夠在政府內部溝通、開放資料。所以，原來我們預計至少要花一週才能完成的地圖ＡＰＰ，大家熬夜一個晚上就完成了。」

在程式設計師的圈子裡，他們戲稱自己這樣的舉動叫做「鍵盤救國」。

口罩實名制4.0

唐鳳這次成功串聯民間的專家，在很短的時間內，開發出民眾迫切需要的服務，而且據說本人的ＩＱ高達一八〇，這種執行力和傳奇色彩，讓日本媒體注意到，因此，唐鳳突然變成日本新聞媒體的熱門人物。

對於這樣的光環，唐鳳並不自滿，她一方面開玩笑地說：「我的身高一八〇公分，大家應該是把我的身高和智商搞混了。」之後也鄭重地澄清：「開發口罩地圖是社群的朋友幫了大忙，這個做法是一種社會創新，不是我一個人的功勞。」

台灣把口罩視為重要的防疫物資，之後，口罩購買流程持續進化。到藥局排隊，雖然可以讓許多人買到口罩，但是，對於忙碌的學生或上班族來說，仍常常買不到口罩。以公共衛生專家的標準，口罩涵蓋率要達成全民人口的七成以上，才有保護力。如果達到九成，則大規模感染應該不會發生。

要怎樣能夠讓這些人買到口罩呢？

這就是下一個要解決的問題。這一次，政府要把二十四小時營業的超商，整合到販賣通路裡，跟藥局同時販賣。民眾可以先到健保署的網路平台預購、繳費，之後再到超商去取貨。

這一版程式開發，因為牽涉到個資，交給負責報稅系統的資訊團隊來進行。在上線日逼近之時，資訊團隊碰到一個關卡無法解決，眼看就要延遲。這時候，唐鳳半夜聯絡政府資訊團隊的技術長說：「我可以幫忙。」之後兩天，她自己投入寫程式的行列，雖然貴為數位政委，但毫不介意把自己當做來救援的工程師，最後終於一起完成任務。三月十二日，口罩實名制2.0上路。

再下一版的口罩購買，在超商也可以預購繳費了。四月二十二日，口罩實名制3.0啟動，民眾在全台灣一萬多家超商門市，使用多功能事務機，插入健保卡，就可以預購口罩。

因為看到國外疫情愈來愈嚴重，有網友建議把過去每個人該領而未領的口罩，捐給各國醫護人員。四月二十七日，在健保署的軟體中，就加入「捐贈口罩」選項。上線短短一週，超過四十八萬人捐贈了三百九十三萬片口罩。這些口罩透過外交部，捐贈台灣的國際友邦。網友稱這為口罩實名制4.0。

一位居住在台灣的外國人，觀察口罩購買的系統在各階段的變化，有感而發地說：「我看到政策一直在進化。」

因為台灣在疫情中相對平安，所以有許多國家好奇，台灣究竟如何能夠在不封城、不停課的狀況下，保持防疫成果？

英文如同母語一樣流利的唐鳳，因為提供口罩地圖的成功經驗，從二〇二〇年二月至今，陸續接受了歐洲、美洲、亞洲各國超過二十個媒體的採訪。最近一次接受美國CNN採訪時，她在內容中提到台灣政府防疫的三大支柱（三個F）：超前部署邊境檢疫（Fast）、公平分配抗疫物資（Fair），以及與民眾幽默溝通防疫議題（Fun）。

「幽默溝通」有兩種做法，一是針對假訊息提出的對策。在假訊息到處都有的現在，唐鳳分析，面對假訊息，政府不只要提出事實，也要轉換情緒。傳播謠言的人想要喚起群眾的憤怒，進行情緒動員，達到轉發的效果。如果是這樣，以幽默有梗的方式提出真訊息，不但能澄清疑慮，還能把網民的情緒從「憤怒」轉變成「好笑」。

唐鳳說，如果能夠做到「在一小時內，提出幽默的真實訊息反擊」，人們會帶著微笑自動分享真實訊息，這樣做，真訊息就能在網路上跑得比假訊息更快，「這樣比單純做事實澄清更有效。」

另一次接受英國BBC採訪時，唐鳳提到「幽默溝通」，也被用在政府傳遞防疫政策的場合。例如，這次防疫的大任落在衛生福利部，有天，衛福部的網路小編將家裡柴犬的照片，放在官方粉絲頁做為防疫宣傳的梗圖，沒想到意外引起熱烈的正面回應。

「從此之後，衛福部不只有發言人，還有發言狗（spokesdog）。」唐鳳笑著用英文回應國外媒體。這隻發言狗，不只在粉絲頁宣達正確戴口罩的方式，也在疫情緊張時，建議大家留在家裡看劇，或者在疫情放緩時，鼓勵大家展開「防疫新生活」，出去郊外走走。

在各種國際訪談中，不論對方提出多長的問題，唐鳳總能立刻解讀回應，毫不猶豫地吐出一連串精準流暢的英文字句。從國中之後就沒有繼續升學的唐鳳，英文為什麼能這麼流利？

除了努力自學之外，在不同時期，她也會巧妙運用不同素材來增進實力。二十歲之後，她積極參加國際間的開源（open source）軟體論壇，以英文發言和回應。另外，從二〇〇五年開始，她撰寫英文部落格。二〇一五年，她則是迷上了英文饒舌歌。

「我靠著聽英文饒舌歌曲來學習。」唐鳳大方分享她自學英文的訣竅。她最愛的教材是美國百老匯知名的音樂劇《漢米爾頓》（*Hamilton*），這齣劇描述美國開國元老漢米爾頓（Alexander Hamilton）的生平故事，劇中穿插了大量的饒舌歌，曲風獨特。

唐鳳推薦了其中她最愛的幾首，包括〈Wait for it〉、〈Satisfied〉，她說，自己把這些歌曲熟記到「不用想就可以唱出來」的程度。有一次，在與媒體記者茶敘時，還應邀現場表演了一段。

天才黑客進入政府

許多人好奇，像唐鳳這樣一個完全沒有政治經歷的素人，為什麼可以進入內閣擔任數位政委？

台灣的政府提供三種從政管道。第一種是選舉系統，例如立委、縣市長及縣市議員，一定是經過民意選舉進入立法院、地方縣市長及議會。第二種是國家文官系統，要經過國家舉辦的公務員考試，進入基層擔任公務員，如果表現優異，最高可以晉升到部會次長，也有少數會升任部長。如果是國家考試錄取的人，不論政黨輪替，只要工作沒有出錯，就可以做到退休。

第三種是舉薦系統，一些攸關執政黨治理成效的關鍵職位，例如行政院各部會的部長及次長，總統及行政院長會徵詢各界賢達的意見，以找到最適合推動政策的關鍵人物。所以，出身學界的學者、民間團體的領袖，甚至社會運動的要角，都可能成為部長或次長。不過，大選後如果政黨輪替，內閣名單通常會全數換掉。

二〇一六年，三十五歲的唐鳳經過舉薦，進入林全內閣擔任數位政委。推薦她的人之一，是馬英九總統時代的前任政委蔡玉玲（擔任法政政委）。在唐鳳上任工作之前，蔡玉玲告訴唐鳳：「讓政府運作改版的工作，就交給妳了！」

政委雖然位階等於部長，但所處理的業務通常是跨部會的專案，而不負責各部會特定的業務。在唐鳳之前，內閣裡面只有科技政委，負責科技會報相關的業務，並沒有負責數位治理的政委。

過去幾年在政府工作，讓蔡玉玲發現，在全民都已經使用智慧型手機的時代，政府的運作卻還像最舊款的手機。無論是在收集民意、研擬政策還是執行政策的過程中，政府並沒有善用網路和科技，敏捷應變。到最後，即使是立意良好的政策，還是招惹民怨。

「政府這一部機器太複雜，機器裡的每一個人都管一個按鈕，一個人按，機器不會動；要每個人都一起按了，機器才會往前走，因此，我們這一部機器，非常需要改版，」蔡玉玲有感而發，「尤其是跨部會的新業務，光是要找到由誰負責這個業務，就要花很多時間，因為每個部會都不認為自己應該主導。」

但是，有沒有可能，「跨部會新業務」就是民眾現在最需要的服務呢？

短髮精悍、戴著黑框眼鏡的蔡玉玲，是台灣少數同時嫻熟產業與數位法規的專家。從法律系畢業後，她考取律師資格，當過九年法官。後來意外進入台灣IBM，七年內成為IBM大中華區法務長，之後自行開業，創立律師事務所。二〇一三年，她應邀進入內閣擔任政務委員，任內花很多時間推動數位經濟相關法規，並建立了 vTaiwan 虛擬法規調適平台。

她擅長結合民間社群的力量推動政策。在建立 vTaiwan 的過程中，她跟公民黑客團體 g0v 開始接觸，因此認識了唐鳳及其他核心成員。蔡玉玲非常認同這群人對社會議題投注的熱情，後來，她甚至跟g0v的朋友說：「我也要當黑客，法律黑客！」

二〇一六年，唐鳳因為蔡玉玲等人的舉薦，帶著公民黑客的DNA進入政府，擔任政委。

唐鳳在行政院的政委辦公室，就是以前蔡玉玲的辦公室。對於這種像是「交換身分」的巧合，蔡玉玲開玩笑地說：「這大概是史上第一次，有政委變成黑客，而有黑客變成了政委。」

讓公民黑客產生共鳴

八歲就自學電腦程式的唐鳳，從少年時代就景仰黑客文化。一般人認為，黑客是破壞電腦系統安全的違規者，但在黑客世界中，雖然有「黑帽駭客（black hat，也被稱為cracker）」這樣的無賴和罪犯，但「公民黑客（civic hacker）」卻有著更為豐富的涵義。

一九六〇年代，當黑客這個字出現時，用的是英文的 hacker 這個字。當時麻省理工學院（ＭＩＴ）已經是鑽研科技的重鎮，在創新之地必有未解之謎，對付難解的問題，就很像伐木工用斧頭慢慢地、一斧一斧地，把一棵大樹砍下來，這種舉動叫做 hacking，而做這件事情的人就叫做 hacker。

在一九八〇年代以後，發起自由軟體運動的理查・史托曼（Richard Matthew Stallman）進一步補充：「黑客行為包含三個特點：好玩（playfulness）、聰慧（cleverness）、探索精神（exploration）。出於興趣解決某個難題，這就是黑客。」

後來，愈來愈多關於黑客的論述，使得黑客嚮往的世界觀逐漸形成了共識：「這個世界應該捨棄威權和商業架構，把電腦和網路視為人權，讓人們得以免費使用、自由分享，以促成實體世界的改善和進步。」

這樣崇高的理念，在現實世界難免受到挑戰。尤其有些自稱黑客的人，因為私利惡意侵入破壞電腦系統，被媒體披露後，黑客的形象轉而成為「具有高超電腦能力的罪犯」，悖離了原本的初衷。

在黑客的世界裡，有自己的倫理。那種利用侵入電腦和網路來盜刷信用卡，或侵入別人銀行帳戶的人，就是罪犯，而非黑客。

從少年時代就認同公民黑客理念的唐鳳，覺得黑客應該要成為讓社會進步的動力。所以，長期關注公民社會議題，而且帶著黑客DNA「駭」入政府工作的唐鳳不只一次提到，創業有成、已經在三十四歲宣布退休的她成為公僕，不是因為使命感，而是為了「興趣」。出於興趣來解決問題，正是黑客精神的核心。

她進入政府工作之後，所做的第一個創新，就是「打造一個讓人民許願成真的地方」。

台灣的「氣候少女」

清秀的十六歲少女王宣茹，住在新竹。在高一公民課堂上，她聽老師說，有一個政府的「公共政策網路參與平台（簡稱JOIN）」，歡迎任何人提案。老師出了作業，希望同學們可以去嘗試。

王宣茹有次看到聯合國和平大使、國際影星李奧納多拍攝的紀錄片《洪水來臨前》，讓她開始注意氣候變遷及環保議題。所以，關心環保的她，以「我愛大象大象愛我」的化名，提出「全國應該漸進的禁用免洗餐具」連署案。

提案的理由是「每年有八百多萬噸垃圾流入海洋，大多數免洗餐具是用塑膠製成，世界上這麼多垃圾，有多少會被海洋生物吞下肚呢？」結果，這個提案反應十分熱烈，吸引了五千二百五十三人連署。

「我本來以為案子過了就結束了，沒想到還有後續的進展。」王宣茹回憶，當她接到環保署來電，請她到台北開會時，她真的嚇了一大跳。

依照台灣政府規定，在那個平台上，超過五千人連署的公民提案，所有相關的政府部會必須一起邀請提案人開會，商討對策。當天開會時，環保署官員們嚴陣以待。他們心想，能夠找到五千人以上連署，有這麼大的號召力，應該是環保團體的要角，開會時可能免不了衝突爭吵，氣氛會很火爆，就跟以前一樣。

結果，會議室門一打開，出現的提案人，是一位有禮貌的十六歲少女。王宣茹在哥哥的陪伴下，特別從新竹到台北開會。

這是二〇一七年七月的事了。在這個正式的跨部會協作會議中，環保署派出五位官員，相關的利益關係人包括：免洗餐具業者、環保團體、附議的社會人士（從小吃店老闆到家庭主婦）、衛生福利部代表和財政部開放政府聯絡人，總共有二十位。唐鳳也以相關業務主管的身分參與了會議。

在會議中，王宣茹先發言陳述自己為什麼要提案，結果免洗餐具工廠的老闆，直接對著王宣茹，有點火氣地說，當初是因為台灣肝炎盛行，政府才開始推行免洗餐具。如果沒有這種需求，也不會有供給。

被大人這麼直接地挑戰，王宣茹當下愣住了。但是透過參與各方的多元討論，共識慢慢形成。整個會議進行五個小時，結束之後，回應這個提案的一系列新政策陸續產生，包括在二〇一九年七月以後，逐步禁用塑膠吸管。

台灣是珍珠奶茶王國，每年耗用的吸管數量數億，十分驚人！如今，環保署初步先禁止餐廳內用飲料使用塑膠吸管，估計每年可以減少一億支吸管的用量。

王宣茹後來進入中原大學室內設計系就讀，她說，參加過那樣的會議，讓她的視野變得更廣闊，也更具有同理心，知道每件事情都有不同的角度。「如果再給我一次機會，我會嘗試用更開放的思維，去跟免洗餐具業者討論這件事。」她說。問她對唐鳳有什麼印象？她想了一下說：「她的思辨能力和反應能力都很強，但也有幽默的一面。」

這一次意外曝光，也讓王宣茹被媒體稱為台灣的「氣候少女」格蕾塔・桑伯格（Greta Thunberg，因引領全球一百六十萬名青少年走上街頭，為環境氣候發聲，二〇一九年被提名角逐諾貝爾和平獎，並在同年獲選為《時代雜誌》年度風雲人物）。

民意往何方：從零和到共好

為什麼一位十六歲高中生的提案能夠吸引超過五千人連署？

唐鳳做了如此分析，「十五到十七歲的年齡層最棒，他們很少提案爭取自己的利益。如果一開始無私地提案，不是為了自己，而是為了後代；不是為了少數人，而是為了所有人，這樣反而能吸引更多人參與。這個訊息在不斷腦力激盪之後，可以吸引更多人。」

對於還沒有投票權的高中生來說，參與這樣的平台投案，正是體驗民主社會裡，公民如何展現力量的第一課。

進一步來看，一位十六歲的高中少女，如何可以參與政府的政策？背後的祕密，在於「網路」和「協作」。這是唐鳳進入內閣後，展現治理技術的實例。

曾經親自參與過社會運動，唐鳳在二〇一六年接任數位政委之後，體會到政府與民間的即時溝通何等重要，更加積極運用JOIN平台，把這個連署網站從「被動接受提案」，變成「主動解決問題」。

她導入在資訊界已經成為共識的「協作」概念，並且設立協作會議的引導人，讓民間與政府之間可以下情上達、上情下達。

這類型的協作會議，與會者常常達到數十人，有些在現場，有些透過視訊，而且總是有人因為立場不同，針鋒相對。以前一旦碰到爭議，民間向政府拍桌吵架的情況很常見。主持這種會議難度很高，所以，有經驗、有技巧的引導人，是會議是否能成功的關鍵角色。

唐鳳參與這樣的協作卻是駕輕就熟。因為她來自一個由程式設計師組成，慣於公開資訊、一起改進、共享成果的協作世界。

協作的形式雖然很重要，但有人願意理解意見不同的各方，也許是更關鍵的解方。對唐鳳來說，這幾乎是內化的直覺了。她認為，如果有人跟她想的不一樣，她要做的事不是說服對方，而是更深入對方的立場，全面了解他的考量，直到自己也能以他的立場跟別人吵架。

如果不是這樣追根究柢的理解，放棄攻防，把「零和（一方贏表示另一方輸）」變成「共好（雙方都贏）」，很難找出可以讓彼此都能接受的共識。她以這樣的覺悟，至今已經參加超過五十場協作會議。

為什麼這樣的提案平台可以真正形成政策？

唐鳳說，自己在會議中擔任的角色，叫做「轉譯者」。「如果民眾提供一千個提案，裡面只有一、兩個有用的，其他都是雜訊，中央的公務員時間很寶貴，他沒有辦法一一去處理這樣子的雜訊。」

唐鳳更進一步對此做出論述：「所以我的工作，是讓民眾在這個協作會議的空間裡，經過討論，自己先把不同的想法收斂成共同的價值。這樣子的話，中央公務員一來，他只要花四、五個小時，就可以知道哪些可以對接上他的工作，這樣子，他會非常願意合作，」唐鳳補充：「這幾年我也發現，我們的公務員是非常樂意創新的。」

開放政府：線上報稅的改革

二〇二〇年五月的報稅季節，大部分的報稅人都發現，網路報稅變得又快又簡單，用手機申報也可以在五到十分鐘完成。改善的關鍵，是因為三年前的一則

JOIN平台留言。

二〇一七年五月一日，三十八歲的卓致遠中午在外用餐。此時是報稅季節，邊吃邊滑手機的他，看到一群朋友在網路上哀號「網路報稅好難」。

身為一位工業設計師和使用者介面（User Interface）專家，曾經參與設計台北市公車站牌的候車時間提醒系統（用LED螢幕顯示車子還有幾分鐘到站），他覺得一定是設計環節出了問題。不久前，他剛好聽到一場唐鳳的演講，她說歡迎大家到JOIN平台留言，讓政府的服務可以做得更好。

在吃飯的空檔，他決定試試。他的提案名稱很隨興，就叫做「報稅軟體難用到爆炸」，結果引來一串罵聲不斷的留言：「如此重要的軟體，竟然年復一年如此難用！」「我用 Mac 從來沒有報稅成功過！」「每年就這個時間要被國家勒索一次，為什麼不能有更好的報稅軟體呢？」

民怨沸騰，後來連電視媒體都開始報導。「二天後，這些罵得最兇的人，被邀請到財政部去，一起找出報稅軟體究竟出了哪些問題。」唐鳳回憶這段財政部與酸民「不打不相識」的奇緣。

這麼複雜的問題，當然不可能一次會議就解決。後來，在唐鳳參與的後續協作會議上，提案人卓致遠也成為參與的專家之一。回顧這段過程，卓致遠說：「這是我除了當酸民之外的另一個選擇。」

這次的提案，並沒有經過五千人連署，但是因為很重要且緊急，仍然成為協作會議的主題。

這種由官方及民眾參與的協作會議，為什麼有效呢？

「有時候，吵得最兇的朋友，真的是比政府專業。如果能把他們的意見融入，政府就能提供更好的服務。」唐鳳非常理解「高手在民間」的事實。

在協作會議中，主持人常常導入「設計思考」（Design Thinking）的手法，集思廣益，把各方利益關係人看到的事實和心理的感受集中、聚焦，以此為基礎進行討論。

「我們對別人不信任，常常是因為不了解別人看待事情的角度。」唐鳳說。

以前這類型的會議，可能該來討論的人沒有來，所以只有單方的意見；或者該來的都來了，但是大家只表達情緒，沒有針對事實做確認。

「協作會議的好處是，邀集各方不同角度的人來參加，經過討論，通常可以找到大家都能接受的某種價值，最後找出對大家都有好處的多元解法。」唐鳳認為，因為每一場協作會議全程直播，會議後也有完整逐字稿放在公開的網站上，透過這樣透明公開的溝通，不但能增加人民與政府的互信，也能增加不同團體間的信任。

在協作會議中擔任過主持人的張芳睿，曾任英國內閣辦公室政策實驗室的服務設計師（並非設計物品，而是設計可提供的服務）。平常親切待人的她，一旦在會議上立刻嚴肅認真，並積極地領導大家討論。

在會議中，她有時引導大家用心智圖整理意見，有時發下幾張黃色便利貼，請大家寫好意見後，她進行分類彙整，貼到會場的大白板上。現場也會搭配提問軟體（例如 Slido）整合問題，並且用投票軟體（例如 Polis）歸納與會者意見。

「我們今天討論產生的這一些會議紀錄、概念發展作業單，還有會議的影片和逐字稿，都會變成是政策履歷的一部分。」

在YouTube公開的頻道中，留存了這次討論報稅軟體的協作會議，全程達四小時五十一分鐘。有位網友看完影片羨慕地說：「好想參加一次喔！感覺過程超級有趣的！」

經過數次的協作會議（確認問題）及工作坊（解決問題），綜合稅務人員、使用者介面專家與一般民眾的意見，財政部後來開發的順序是以第一年Mac版、第二年網頁版（Mac+Windows通用）、第三年（二〇二〇年）手機認證來進行。

費時三年，新版的報稅軟體終於完成。如今的介面清爽簡單，用手機、電腦或各作業系統都順暢。

獨特的讀書方法

唐鳳在網路上完全公開自己的行程、訪談紀錄和會議紀錄，做到「完全的透明」。任何媒體要約訪、任何攝影師要拍照，她都不設限，但要求把內容公開，她拋棄肖像權和著作權，也讓所有訪談內容及照片變成免費公用資產。

也因為這樣，她的照片和聲音，成為各方二次創作的題材。日本新興的嘻哈三人組 Dos Monos，將唐鳳接受訪談的聲音，做成一首公民饒舌歌，發布在 YouTube 頻道上。

也有台灣插畫家黃立佩，把長髮的唐鳳設計成一隻正在用電腦工作的海豹。黃立佩想把這造型做成別針，部分收入用來贊助台灣防疫。當她發信問唐鳳能否授權時，唐鳳回覆：「那就是一隻海豹，不需要我的同意啊！」

把自己當作「素材庫」，大方地幫助人們完成「讓世界變得更好」的心願，這就是唐鳳的作風。

唐鳳參與的會議，全都是複雜的公共議題，而且每次都牽涉到好幾個政府部門，她究竟如何在短時間內，快速了解所有的資訊呢？

不論讀資料或讀書，她都有自己的方法。

以讀書來說，她九成五都是在 iPad Pro 進行。「用這台的好處就是有筆（數位筆）可以用，在沒有筆可以用的時候，我不會用電子設備看書。」

為什麼有筆很重要？唐鳳說，她在看書時，很習慣畫一些筆記、畫一些圖，「我發現我這樣記下重點的過程，即使很潦草，可能連我自己都看不懂，但這個過程，可以很快地幫助我吸收書中要傳達的概念。」

工作時，她會把聽別人說話時的筆記，隨手投影到一個螢幕上。「如果在場的人有不同的立場，經過這樣畫一畫，就會發現原來不同的立場，可以放在同一個螢幕上，不同的立場可能有共同的價值。」

如果有時間，唐鳳看到英文書內容就會去翻譯，因為翻譯的時候，會很細緻地閱讀；如果沒有太多時間，她就做摘要式的翻譯。「這就是為什麼我在看書時都一定會配一枝筆，這也影響到我日常的思考和呈現。我一醒來，如果有做什麼夢，也會快點把夢中的隻字片語或圖境記下來。」

如果她手邊沒有筆，就會啟動另外一種閱讀模式。收到一本紙本書、一份PDF檔，她會用一頁〇．二秒的時間，像掃描機一樣，在腦裡留下它的視覺訊號，她說：「我這樣看完之後，就會稍微休息一下，泡個茶，閉上眼睛，然後那些圖片就會浮現在腦海，有領略到什麼，我再拿筆記下來。」

她也非常擅長「自炊」，之前曾把紙本書整本拆開、每頁掃描，搭配光學辨識及搜尋軟體，建立自己的數位圖書館。

對一般人來說，前面的幾種方法要同時運用，都已經很困難了，但是，下面這一種讀資料的方法，就真的像是天才才會用的方法了。

唐鳳說，如果明天要開會，要看四百頁文件，她會在睡前把四百頁都翻過，然後就去睡覺，醒來的時候，就看完了，非常省力，她運用自己的睡眠時間來理解大量的參考資料。「如果是四百頁以上，我就得加班，睡九個小時、十個小時，才會醒得過來。」唐鳳說，這就是她行之有年的閱讀習慣。

從幾次唐鳳參與會議的直播來看，能在關鍵時刻提出關鍵問題，的確是她的強項，如果沒有事前做功課，也無法做到。能夠把睡覺當做加班，大概就是獨特的唐鳳模式吧！

她不只一次提到睡眠的重要。她常說，她每天都要睡足八小時，否則短期記憶無法轉成長期記憶。天才的大腦原來是這樣運作的嗎？也許每個人都可以一試。

在唐鳳的工作職掌中，也包括幫助新創的社會企業找出活路。因為許多社會企業，雖然立意崇高，但很難找到成功的營運方式。

她每週三會有一整天，在台北市仁愛路的社會創新中心（簡稱社創中心）上班。週三全天是任何人都可以預約、與她交換意見的時間。

食物是創新的觸媒

到了晚上，有時她會把這些新創企業、國際夥伴一起聚在社創中心的廚房，一邊聚餐一邊閒聊。唐鳳認為，很多好點子都是這樣聊出來的。

「我們在辦活動的時候，大部分的經費都是花在食物上。像這種一個月、兩個月一次的媒合活動，過了一、兩個月，聽到什麼概念，大概都忘記了，但是食物好吃的話，下次還會再來。」食物是創新的觸媒，這個已經被 Google、臉書等公司驗證的經驗，如今搬到社創中心的廚房上演。

之前社創中心的廚房，有位食材顧問史達魯，跟唐鳳年紀一樣大。他當過知名私廚的主廚，曾經被唐鳳找來，協助一些經營農產品的新創企業，利用在地食材做出新產品。

那時，唐鳳每個月到台灣各地去拜訪新創的社會企業，如果收到具有地方特色的食材介紹，就會寄給史達魯，請他研究如何延伸這個食材的價值。

一說到食材眼睛就發亮的史達魯，不是典型的料理人。他大學時，念的是台灣大學農業推廣系，研究所念的是網路學習科技，是典型的學霸體質。會變成主廚，原點是因為，他被大學同學發現，具有品嘗星巴克不同風味咖啡的特異舌頭，而且能把道理說得清清楚楚。所以，同學們開始集資，派他去吃五星級料理，回來再辦餐會做給大家吃。之後，他就一路磨練自己的技藝，幾年後，料理成了主業。

史達魯研究料理，常常從日本料理漫畫中得到靈感，又研究各種跟食材有關的嚴肅論文，所以他能精選食材，常有創新的用法。曾經，他在社創中心的廚房，做著充滿季節感的工作。

三月到四月時，餐台上堆滿春天盛產的梅子，他研究著梅酒。到了夏天，變成芒果料理。之前十二月時，他曾經用原住民部落飼養的雞，做過聖誕「布袋烤雞」。他把整隻雞的雞骨掏空，塞入肉豆蔻、檸檬皮絲、義大利香料等，把雞肉烤出全新的香氣。他記得，當時廚房香氣四溢，連唐鳳都聞香而來，問道：「這個可以吃嗎？」

問他對唐鳳的觀察，史達魯這樣說：「我覺得她的ＥＱ高到不正常。有時看到來訪民眾對她說的話，很直接、粗魯，我在旁邊聽兩句，火氣就上來了！但她卻還是平心靜氣地順著對方的思路，把話題帶往理性的方向。」

唐鳳的工作，情緒負擔應該很大。做為一個善於下廚的朋友，史達魯默默地用料理表達關心。「有時看到她忙到很晚時，我就會翻一下冰箱，看看能不能變出什麼做給她吃。」史達魯說，這是自己微小的心意，希望她能好好保重自己的身體。

擅長研究各地食材的史達魯，覺得唐鳳像哪一種食材呢？「我覺得她像溫和的辣椒，辣味會延遲爆發的那一種。她心地很好，但是畢竟是天才，言語之中仍然有機鋒，所以，幾分鐘後，聽者才會意會到她在言語中藏的妙梗。」

社會企業：關懷創業家

唐鳳每個月會有一天，到台灣各地拜訪新創的社會企業。這天，她配合了一個特別的企劃。台灣公共電視製播的《誰來晚餐》節目，每集會邀請一位名人與一個家庭共進晚餐，並且一起探討這個家庭面臨的挑戰。

二〇一八年九月，唐鳳應邀來到一個四口之家，爸爸陳人祥是社會企業的創業家、媽媽是上班族、十七歲的女兒是自學生、弟弟是小學生。

晚餐桌上，擺滿這家媽媽準備的佳餚。在家常對話中，自學的姊姊提出學習過程中的困惑，小學的弟弟也分享自己玩麥塊（Minecraft）的心得。唐鳳全程專注傾聽，適時分享自己的心情和建議。

這家的爸爸陳人祥，白淨斯文，看起來像是模範父親，沒想到卻過著最叛逆的人生。本來在高薪的科技業工作，後來他建立了一個流浪貓收容所，收養七十到八十隻流浪貓，每個月需要很高的維護經費。因為經費一直窘迫，他也投入環保貓砂研發，希望能以這樣的產品收入，支持收容流浪貓的義舉。

但是，所有的創新都要花錢。為了全心投入這個志業，陳人祥辭掉自己的工作，甚至還把房子、車子賣掉。只是，往夢想邁進的同時，也會有徬徨的時刻，在這次的晚餐會面中，他想聽唐鳳的建議。

在晚餐桌上，陳人祥提到，他真正想做的事不只是收容流浪貓，而是使社會上的人能夠尊重生命，改變人的情感和感受，這樣才能改變棄養動物的行為。

唐鳳在專注傾聽後，誠懇地給了這樣的建議：「我聽到你說要改變人的感受，但人的感受要改變，必須是自發的，你無法強迫。」

唐鳳說，這時候可以考慮的是「ACE原則」，就是你發動某件事，讓別人很短時間就可以參與（Actionable）；對方投入時，他的行動可以讓很多人知道（Connected）；而且，每個想投入的人，可以不用受限於商標、專利、授權，自己能運用這個梗，改成不一樣的方式重現（Extensible）。「如果能做到這樣，對方想都不用想，就可以做一些對你們有幫助的事。」

唐鳳說，最近幾年，在網路上瘋傳的社會運動，例如幫肌萎縮性脊髓側索硬化症（ＡＬＳ，俗稱漸凍人）募款的冰桶挑戰，就是最經典的「ＡＣＥ」案例。

在這次的晚餐時間，正值青春期的女兒，也真誠地分享了她陪伴一位創業爸爸的心路歷程。

她提到，當爸爸的故事被媒體報導後，有網友在報導下面留言責備：「這個爸爸應該先把自己的事業顧好，再去追求夢想。賣房又賣車，對家人太辛苦了。」對於這些批評，陳人祥女兒說：「這些人真的知道我們的感受嗎？爸爸以身作則，教給我們很多道理。我們一家人都在的地方，就是家，不用在意是哪裡。」

女兒這番話，真情流露，讓媽媽哭了。

媽媽說：「我們其實沒有奢望孩子們能了解。畢竟這是大人的決定，孩子們也只能跟著我們生活。雖然現在我們的努力都還沒有成果，剛剛聽他們這樣說，知道他們其實有了解我們的用心。雖然很多時候滿辛苦的，但是感覺到，可以一起繼續努力下去。」

唐鳳最後被電視台問到，這次晚餐的心得是什麼？她用溫柔平和的聲音說：「這是一個非常互相在意、互相關心的一個家庭，家庭的凝聚力很高。」

最後，離開這家人之前，弟弟請唐鳳簽名，唐鳳用英文簽下「一起分享，一起快樂（Share & Enjoy）」。

對唐鳳來說，家人只要彼此支持，一定可以共度難關。這不只是她的信念，更是她的經驗，因為，她就是來自一個這樣的家庭。雖然在成長過程中，她經歷了驚濤駭浪，不過，家人的支持最終像一艘怒海中的小舟，將她平安送達彼岸。

這一切，可能要從她的童年開始追溯。

Chapter 2

天才兒童

在網際網路時代，每個人都是智商一八〇。

萬事萬物都有缺口，
缺口就是光的入口。

——Leonard Cohen（加拿大歌手及詩人）

我的兒子充滿謎團

天才一旦出現在凡間，總是令人仰慕。當三十五歲的唐鳳在二〇一六年以數位政委的身分出現時，媒體的聚光燈除了湧向她，也湧向她的父母。所有人都想知道，到底如何教養出這樣一位天才？

如果回顧唐鳳的零到十四歲，這段與父母親互動最多的人生，可以說，唐鳳在大多數時候，對父母親來說都是一個謎。而解謎的過程，曾經讓整個家庭差點崩解。

面對這個充滿謎團的生命，這對父母親不論從自己的成長經歷，或是從教養書上，都無法找到應對的答案。

唐鳳在二十四歲以前是生理男性，叫做唐宗漢（為了避免混淆，以下仍稱唐鳳，但改以男性的「他」來稱呼）。

出生四十天時，他因為滿臉發紫而緊急送醫。後來醫生查出這個小孩有先天性心室缺隔，要長期服藥，等到夠大的時候才能開刀。

所以，醫生囑咐唐鳳的爸媽，盡量別讓孩子哭，不要讓他感冒，也不要讓他做激烈運動。

當時這對父母都還在日報工作，十分忙碌。看到孩子這麼嬌弱，唐鳳的祖父和祖母決定從新北市靠海的家鄉搬來台北市，照顧這個小孫子。連同唐鳳在台北讀書和工作的姑姑和叔叔也一起，兩家人住在同一棟樓成為鄰居，也一起吃晚飯。所以，唐鳳從小就在大家庭長大。白天的時候，祖父母陪伴他，等到姑姑、叔叔下班下課後，就搶著逗他陪他，直到晚上爸媽回家，孩子才帶回身邊。

唐鳳的父親唐光華，大學和研究所都念政治學。大學的時候，他遇到熱愛希臘三哲人的老師，深受啟蒙，此後，一輩子都是蘇格拉底的信徒。

畢業後，他進入台灣主流媒體中國時報工作，表現優異，後來一路升遷，擔任副總編輯。

他信奉蘇格拉底的名言：「我知我無知。」他熱愛閱讀，只要一有閒錢就去買書，所以家裡的藏書既多且廣。在這樣的環境裡，唐鳳周遭環繞著各式各樣的書籍，所以他在三歲以後，就常常把玩各種圖畫書，好奇地比較書上變化多端的中文字形。

對他來說，書上的文字充滿魔力。剛開始，他請媽媽或其他的大人讀給他聽，後來，他能夠讀懂的字愈來愈多，不懂的字就問家裡的大人。

因為他心臟不好，不能做太多戶外運動，待在家裡的時間很多；也因為醫師交代大人，不要讓他生氣、情緒激動，以免病情發作。大人們跟他說話都很溫和，幾乎不責罵。熱愛閱讀的他，漸漸學會了認識中文字、英文字，以及由淺到深的數理運算。

開始上幼稚園後，唐鳳意識到學校跟家裡很不一樣。比較起其他同齡的孩子，唐鳳喜歡思考，但肢體有點不協調，在幼稚園有時行動比較笨拙，會被同學嘲笑。

小學一年級解聯立方程式

跟學校格格不入的感覺，在唐鳳到了小學後，變得更嚴重了。

剛上小學不久的這一天，在一年級的教室裡，老師正在上數學課，想要教會小朋友最基本的數感和量感。在家裡已經學會解開聯立方程式的唐鳳，覺得老師出的題目不難，所以，就代入X、Y，得到了答案。

這樣的解法有錯嗎？沒錯。但是，由小一的學生寫出這樣的算式奇怪嗎？太不尋常了！唐鳳的老師，驚訝於課堂上有這樣奇特的學生，而這位學生，也驚訝於老師教的內容他都已經會了。

後來，唐鳳在課堂上的回應，也常常讓老師招架不住。例如，老師教一加一等於二，唐鳳跟老師說：「那不一定。如果是二進位的話，一加一就不等於二。」

這樣的場景，幾乎每天都在教室出現，讓老師覺得很困擾。最後，師生雙方達成的協議是，以後上數學課的時候，唐鳳可以不用上課，自己到圖書館看書，只要不吵到旁邊的同學就好。

看起來相安無事的做法，卻讓唐鳳的心裡起了疑問。一方面，他覺得自己被老師從團體中隔離出來，感覺很孤單。另一方面，他也疑惑，為什麼大家在教室裡要一起學習同樣的內容？

這時候，在唐鳳家裡也出了狀況。

一路把唐鳳從小帶大的祖母，面對這個孩子千奇百怪的問題，慢慢招架不住。有一次，唐鳳問祖母什麼是「太陽黑子」，奶奶答不出來。唐鳳抱怨說：

「阿嬤，我問什麼你都不懂。」

等媽媽下班後，祖母跟媽媽說了這件事，然後很傷心地跟媽媽說：「他問的東西，我都不懂。我也不知道要到哪裡去查。這孩子我沒辦法帶了。」

媽媽跟唐鳳說了這件事，唐鳳說：「對不起，那我可以問誰呢？」

媽媽說：「在學校跟老師談，回家就跟爸媽談。」

只是，媽媽沒料到，很快的，不論是老師或父母都逐漸應付不了他的問題，常常被問倒。

這時候，唐鳳的弟弟唐宗浩也已經三歲了。兩兄弟在媽媽上班的時候，常常打電話給媽媽，牽絆她的心情。後來，媽媽終於決定面對現實，跟爸爸商量後，以民主的形式，全家召開家庭會議，決定是爸爸還是媽媽要回家陪小孩。

投票結果是三比一，媽媽得到三票，那唯一的一票，是爸爸唐光華把票投給自己，覺得自己更適合回家。因為，他跟媽媽在同一個報社上班，他認為法律研究所畢業的媽媽，在新聞工作的表現，非常獲得大老闆的賞識。進公司短短八年，她跑過教育、立法、司法、文化、生態保育、社會運動和黨政，很快晉升到採訪組副主任，被視為是報社的明日之星，現在離開工作崗位很可惜。

唐光華也讀過哲學家沙特與作家女友西蒙波娃的軼事，西蒙波娃是女權主義者，他們的愛情雖然有波折，卻一輩子互相尊重。唐光華認為，女性與男性的能力一樣好，如果有機會應該好好發揮。

只是，孩子們把票投給媽媽，所以，爸爸的善意沒有成真。最後，媽媽辭掉工作，開始陪伴孩子進入下一階段的學校生活。沒想到，接下來的歲月，竟然是一連串的噩夢。

轉入資優班

唐鳳升上二年級之前，學校已經透過資優測驗，辨識出唐鳳的智商，是等級最高的分數。學校來了一封信，詢問唐鳳的爸媽，二年級以後，要不要轉去有資優班的學校呢？

因為唐鳳覺得原來的班級有點無聊了，所以，跟媽媽討論後，兩個人心想，轉學去嘗試新環境也不錯。沒想到，進入新學校資優班後最大的挑戰不是功課，而是其他的事。

他在學校的資優班當班長，功課很好。但是因為資優班的家長喜歡拿孩子的成績互相比較，有些孩子們因此開始忌妒成績好的同學。曾經有一次，有一位拿不到第一名就會被爸爸打的同學，憤憤不平地對說他說：「你為什麼不死掉？如果你死了，我就是最好的了。」

同學帶給他壓力，老師也是，因為有些老師會懲罰學生。

他曾因為忘記帶手帕、衛生紙去學校，被老師懲罰。上了三年級，他被選上班長，在上自然科時，因為班上秩序不好，老師要全班閉眼罰站，他偷偷睜開眼被老師發現，結果，因為他是班長還違規，被老師用掃把打了一頓。

本來他很喜歡的音樂課，換了老師之後，那位老師會拿著「像教室木頭椅腿」一樣粗的棍子打人。

當班長的他，被老師要求要維護班上的秩序，老師叫他把違規同學的名字記在黑板上，那些同學就會被老師處罰。他回家後跟媽媽說：「同學們都恨我，下課跑來揍我，我好難過。」

有一天，資優班的老師發下一張考卷，要同學們在二十分鐘之內做完，老師隨後離開教室。唐鳳早早就做完了。但有做不出來的同學，伸手過來搶他的考卷，要看他的答案。他不想讓同學看，拿著考卷逃跑，四、五個同學追在後面，他一不小心摔在地上，其中一個同學追上來，使盡全身力氣對他踢了一腳，他撞到牆，昏了過去。

媽媽把他帶回家之後，在洗澡時掀開他的衣服一看，肚子那裡有一大塊瘀青，可見當時同學踢他的力道有多大。

這只是他漫長學校生涯中的一天。

這一年，他常常在半夜做惡夢，哭著醒來。有好幾次透露出想要自殺的念頭。他常常請假，沒有去上學的日子，他把自己關在房間裡，哭、看書、發呆。

後來，他終於跟媽媽說：「我不要去上學。」

在那個年代，家裡有一個拒學的孩子，就像丟下一個摧毀平靜的手榴彈，既定的常識與規矩，都被炸得粉碎。唐鳳的母親，看到孩子被學校生活壓迫到想自殺，立即決定支持孩子轉學。

唐鳳轉至北市指南山區一所迷你小學。在山區小學雖然較為友善，但是無法滿足唐鳳的學習需要。唐鳳母親必須另外幫唐鳳尋找學習資源，甚至，支持唐鳳部分時間在家自學。

可是，這樣的相挺，不但學校的老師不以為然，連家人都不斷質疑。從唐鳳的爸爸、祖父、祖母、姑姑到叔叔，沒有一個人支持。

受到最大衝擊的是父親唐光華。

唐光華曾經回憶，自己的中學生涯中，學校老師為了讓學生考上好學校，不惜用體罰逼迫他們拿出更好的成績，他至今無法忘記在教室裡出現的場景，老師用木條打同學屁股發出巨大的聲音，空氣中充滿恐懼和不安。

直到大學，他碰到充滿智慧的老師，才真正享受到求知的快樂，如此純淨美妙、觸動心靈。那時唐光華每天沉浸在尼采、齊克果、卡繆等哲學巨匠的著作之中，「從那時候，自由就成為我最堅持的價值。」

所以，他相信任何年紀的孩子，只要經過適當的引導，都應當領略這種知性之美。

唐光華不用威權或體罰對待孩子。在三歲以前，唐鳳跟爸爸之間有一種神祕的儀式。每天爸爸上班時，唐鳳會慎重其事地拿著一塊小石頭，交到爸爸手上。而唐光華也會莊重地收下他的託付，放在口袋裡，然後邁步走出家門。這個旁人不解的儀式，兩人持續了很久。彷彿是一個幼小的孩子，把自己的心託付給父親，讓父親為他去探索外面的世界，為他帶回見聞。

唐鳳幼稚園時，唐光華常常牽著他的手，一邊散步一邊跟他談論蘇格拉底、因式分解、矛盾集錦（數學的六個領域：邏輯、機率、數、幾何、時間及統計之中的矛盾），談論人生的真善美。

唐光華是唐鳳生命中第一個數學和哲學的啟蒙老師，這些童年散步中的見聞，影響他一輩子。

從三到七歲，在別的孩子玩樂高的時候，唐鳳迷上了數學方程式。解方程式就像是玩遊戲破關，這種征服難題的樂趣，讓他一路挑戰到九元一次方程式。

然而，隨著升上較高學年，唐鳳在學校過得愈來愈艱難，跟父親的關係也愈來愈緊張。唐光華覺得自己教養出來的孩子不應該逃避現實，逃避學校，要勇敢面對考驗，然後過關。唐鳳卻覺得父親不了解他的苦處。

為什麼大人覺得應該要闖過的關卡，有的孩子卻過不了？

幾年以後，有學者研究出這種孩子屬於「高敏感特質」〈由美國精神分析學者伊蓮艾榮博士（Dr. Elaine Aron）在一九九六年提出〉，與生俱來的細膩感官知覺，使得他們對於任何喜怒哀樂，比一般人更敏銳。他們更容易對美好的事物感受到喜悅，也更容易對嫌惡的事物感到驚恐。不論是正面或負面的情緒，在他們身上都會顯現出更明顯的反差。這類型的人情緒容易被別人影響，不喜歡犯錯，容易自責。

這樣的孩子在童年時，脆弱易感。不過，如果能熬過艱難的成長期，長大後的他們，反而會比同年齡的孩子更沉穩，更具內省特質。

但是，在這樣的研究還沒有廣為人知的時候，此時，唐鳳家裡上演的，是真實的親子災難。

父子的隔閡

有一段時間，親子兩人可以為了任何小事吵架，甚至唐鳳走路、刷牙的姿勢，都會成為引爆點。

唐鳳家裡的晚餐，有個不成文的規定，晚輩要等長輩到了再開動。有一次，唐鳳坐下來，唐光華還沒入座，唐鳳就動了筷子。沒想到這件事竟然引爆親子之間的劇烈衝突。唐鳳很生氣的說：「爸爸又怎樣？我肚子餓了，為什麼不可以先吃？」

唐光華積累的怒火在這時爆發，他罕見地拿出長輩的權威，要唐鳳為這樣的頂撞罰站。

唐鳳氣極了！他到旁邊面壁，並且出手重重地用力打自己的耳光。媽媽李雅卿當場嚇呆，唐光華卻轉身就走。

事後，唐光華告訴李雅卿，他當時一定要離開現場，因為他完全不知道該怎麼辦。如果不離開，他的眼淚就要掉下來了。孩子的叛逆，輾壓了他期許自己做一個好父親的信念和自信。

親子衝突成為日常，唐光華與李雅卿與唐鳳祖父母的教養觀念歧異愈來愈大，這是唐鳳父親心中無法承受之重，連夫妻相處都陷入低潮。有一天，唐光華跟李雅卿說，他想去德國讀博士，精進知識以為未來做準備，也暫時離開家裡三代的衝突，他相信這對大家都好。

家裡的男主人離開台灣、飛往德國，在大家庭裡造成更大的不安。唐鳳的祖父母以為唐鳳的父母要離婚了，非常憂心，不斷用言語安慰這個小家庭。

在心靈的不安中，媽媽李雅卿也自問，孩子的下一步教育到底該怎麼辦？她不知道。

命運中的相遇

在她自問的時候，剛好有一個基金會想要籌備新的森林小學，李雅卿去參加了這次的研討會，在那裡碰到後來改變唐鳳人生的幾位貴人老師。

在研討會中出現的，是受過心理輔導專業訓練的楊文貴老師，他看出唐鳳在這個階段最需要的是：同儕的接納、知識的探索、海闊天空的想像，以及情感的依戀。對李雅卿來說，要重建孩子的人生，必須從這四點開始著手。

親情之愛，足以支持唐鳳面對他充滿挑戰的人生。除此之外，這九歲的孩子還需要能夠自由伸展的學習空間、優質的學習同儕，以及兼具知性感性的老師來帶領他。

在研討會中，輾轉經過介紹，李雅卿為唐鳳找到新的數學老師，是當時台大數學系教授朱建正。朱建正是台灣知名的數學教育家，因為家裡有三個資優孩子，很能了解這類型孩子的思維。他邀請唐鳳，每週花兩小時到他的研究室聊天。

聊什麼呢？回憶起這段往事，唐鳳說：「朱老師隨興地跟我聊天，結束後就給我一本艾西莫夫（Isaac Asimov）的小說，讓我回家研究。」

或許朱建正深知，唯有天才，才能啟發天才。艾西莫夫是一位傳奇的科幻小說家，博學多產。他十九歲的時候，就從美國知名的哥倫比亞大學畢業，後來攻讀到博士之後，放棄在大學教書的機會，成為全職作家。

在他超過五十年的創作生涯中，總共出版了近五百本作品，其中親自執筆的作品超過二百本，其他由他主編。如此充沛的出版量，橫跨全球圖書館廣為使用的「杜威十進位圖書分類法」其中的五種，除了擅長的科幻小說之外，他也出過科普作品，甚至搞笑的打油詩。

他得過科幻界最高榮譽的科幻大師獎，最知名的小說是探討人工智慧的機器人系列，以及探討星際戰爭的基地系列。不論哪個系列，豐富的情節和人性，都引人入勝。而其中牽涉到大量的數學運算基礎，剛好可以引起唐鳳的興趣。朱建正老師知道，只要引起興趣，之後的學習就不是難事了。

同時，有一位楊茂秀博士，追隨哥倫比亞大學哲學教授李普曼博士（Matthew Lipman）的主張，在台北市開始推廣兒童哲學，成立毛毛蟲哲學教室。李普曼博士認為，哲學跟走路、說話一樣，是孩子從小就該學的。但孩子學習哲學、學習思考，不是透過老師單向教導，而是透過跟老師的對話和討論。

李雅卿聽取好朋友的推薦，把唐鳳帶來這裡，唐鳳在這裡碰到帶領他思考的老師陳鴻銘。

唐鳳當時是小學三年級的學生，陳鴻銘則是輔仁大學哲學研究所的研究生。雖然年紀不同，但是李雅卿卻很欣喜地看到，這一對師生在教室裡針對選定的議題，進行對話和思辨。

這樣的討論通常會有三個環節，稱為3C思考：

1.批判性（critical thinking）思考：去思考自己為何這樣想、別人為何這樣想以及別人這樣想的原因。

2.關懷性（care thinking）思考：進行討論時，顧慮到別人的感受。

3.創造性（creative thinking）思考：進一步去探究能不能夠有原創性的想法，創造出屬於自己的東西。

如果能在一個團體裡持續練習這樣的步驟，全部的成員就可以建立合作討論、共同思考的習慣，最後得到的答案，不會是來自權威，而是來自所有人的共識。即使是小學的孩子，只要經過故事以及遊戲的引導，也能做到。

跳級到六年級

可以說，這樣的思考訓練影響唐鳳一輩子。如今，在任何場合看到他回應任何主題，幾乎都在他的內在自動經過這三階段的淘洗，最後呈現出一個思考後的結論，令人折服。

當時，在教室外面等候唐鳳下課的媽媽，看到孩子在教室裡跟老師對談時，邊思考邊沿著教室走圈圈，臉上充滿專注和喜悅。這是他久違的平安。

另外，楊文貴老師也在大學社團裡面，為唐鳳找到一群優質的同儕，帶著他邊學邊玩。這些大四、擅長數理的學生，能與唐鳳討論數學，把國一到國三的習題做過一遍，剩下來的時間就打橋牌、玩電腦和逛光華商場，同時滿足唐鳳學習數學與探索世界的願望。

重新開始學習數學和哲學之後，唐鳳似乎得到身心的安頓。在這個時候，有人推薦新店山上一所與大自然親近的迷你小學，那所小學的校長，很樂意讓唐鳳以不同的方式就學。後來，四年級的唐鳳以同等學力掛在六年級的班上，一週只要去三天，其他時間可以繼續他的數學家教課和哲學課。

依山傍水的美麗校園，以及溫暖的老師和校長，讓唐鳳童年的靈魂得以棲息療傷。在這裡，他的身心得到舒展，靈性得到滋養，從此他愛上讀詩寫詩。他跟母親說，寫詩的時候，文字會自然流向筆尖，不需思考。這樣說的時候，他臉上重新出現明亮的笑容。

這時候的唐鳳，除了數學和哲學之外，從小學二年級開始自學的電腦程式寫作，也漸漸有了進展。

二年級時，剛好是他在資優班的黑暗期。他上學不開心，常常把自己關在房間裡看書。有一次他在家裡看到一本《Apple Basic 入門》，是在資訊業工作的小姑丈帶回家的。

那是他第一次接觸到由英文組成的電腦程式語言，因為家裡還沒有電腦，書裡的內容又太有趣，他就在紙上畫了一個電腦螢幕、一個鍵盤，把英文指令用鉛筆寫在紙上，到了下一步，就把原來的指令擦掉，再用筆寫下新的。

媽媽看他熱情不減，最後還是幫他買了個人電腦。之後，小姑丈就常常帶電腦書回來，讓唐鳳自己研究。到了弟弟也開始在學校學數學的時候，他開始寫程式，讓弟弟能以有趣的方式複習數學習題，或者用電腦遊戲學習分數的概念。

在轉入新店的小學後，為了唐鳳就學方便，也為了讓自己的心靈能夠暫時休息，唐鳳的母親決定先搬離公婆，搬到另一個新店山上的花園新城社區居住。這個家庭的重生之路，就從那裡開始。

花園新城是由知名的台灣女建築師修澤蘭設計，坐落在山林之中，綠意盎然。後來許多藝文界名人搬入居住，居民在此創造出類似巴黎蒙馬特的文化氛圍。詩人、畫家、攝影師、作家比鄰而居，彼此互助、共享生活資源及教育創意。

李雅卿帶著孩子在那裡休養生息，唐鳳的學習生活穩定下來，她的心情也跟著平靜。她曾在《成長戰爭》書中，以文字記下這段時間的生活：

山居歲月，常有五色鳥飛來相伴；金翼白眉在林間樹梢跳上跳下；偶爾有氣派的紫嘯鶇在院子裡莊嚴地死去；清艷絕美的台灣藍鵲，只要見過一次牠在樹梢斜斜飛起的影像，便可令人屏息佇立，終生不忘；清澈美麗的蘭溪，有寸寸的小魚游走，春天，白白的油桐花鋪天蓋地，一陣雨落下來，馬上變成遍地花河；秋天，楓香葉落，帶毛毛的小球果隨風翻滾……每天上午我……在晨曦微光中想念光華，給他寫信。

至於如今人在德國攻讀博士的唐光華，現在怎麼了呢？

離開家人，身在異國，讓他有了自省的時間和空間。他把德國住處的書房命名為「慚愧軒」，看得出他的深切反省。他在德國看到當地尊重孩子的教育方式，眼界大開，開始採取行動，修復與家人的關係。

柏林圍牆倒了，他到現場去拍照，還收集城牆的碎片，一起寄給孩子。去看畫展，就寄回畫展的明信片，上面寫了對畫作的見解。慢慢地，孩子對爸爸的來信愈來愈好奇，也願意寫回信。當爸爸趁著休假回台灣時，舊日讓家庭崩裂的傷口，似乎已經復原。

過一陣子，小學四年級的唐鳳已經修完六年級的課。經過跟幾位老師的討論，李雅卿決定帶著孩子到德國，跟爸爸會合。

沒想到，這趟旅程，改變了這家人的人生。

在德國感受到團體的力量

轉到德國當地的小學後，李雅卿發現，這裡的老師和校長，有非常清楚但與台灣截然不同的教學理念。學校在家長說明會裡特別提到，他們的教學重點不在培養頂尖學生。所以，特別聰明的孩子，老師會讓他們隨性成長，但學習遲緩的孩子，老師反而會特別照顧。

唐鳳到了德國，因為語言不通，降級一年，重讀四年級。德國小學四年級第一堂課才開始教乘法，唐鳳把他至今學會的數學符號，全部寫給老師看之後，數學作業就不用寫了。但是他的德文基礎是零，果然如學校所說的，老師想盡辦法加強輔導落後的孩子，全力幫助他學德文。

上數學課的時候，老師印了一張又一張德文練習單給他寫。另外，還要唐鳳幫忙老師發本子、背課文，不放棄任何可以讓他練習的機會。他寫的德文字，只要有一點錯，就會被老師挑出來。不過，老師絕不會譏笑他。

他們學校的學生，到了四年級，都要去考腳踏車駕照，包括筆試和路考。結果，在密集學習德文兩個月後，唐鳳竟然已經能說、能讀、能寫，順利通過考試，連幫忙執行考試的警察也嚇了一跳。唐鳳自己也因此增加了在異國求學的自信，後來繼續跟著同學一起學習法語。

在學校裡，唐鳳也觀察到許多跟台灣不一樣的地方。他看到班上的選舉，不是選幹部，是選出幫忙大家發本子、收本子的人，沒有管理同學的權力，純粹是服務同學。

表面上看起來，沒有老師在的時候，似乎每個人都可以調皮，但事實上，雖然班上沒有選出管理的人，只要有人妨礙到別人，人人都可以提醒他。這種來自群眾的壓力，比起單一權威，更是無所不在。

另外，唐鳳也發現，德國的老師不打學生。如果同學不乖，影響班上秩序的時候，老師會先口頭訓誡；如果還是不乖，就請同學坐在老師旁邊；如果再不乖，老師會請同學提前放學回家，這是最嚴重的懲罰。

聽到德國的老師有不一樣的方法維持教室秩序，不用打小孩，讓媽媽李雅卿很好奇。有一次，她請教一位德國大學的教授，好奇「德國老師都不打小孩嗎」？這位土生土長的德國人回憶，在二、三十年前，他還在教室當學生的時候，也被老師打過。直到現在，他都仍記得，屁股被老師的木板打得又辣又痛的感覺。

後來，一方面因為每個班級的學生人數變少，老師管理班級秩序的壓力減輕了；二方面，因為整個社會慢慢達成共識，最終，教育小孩的責任應該落在每個家庭。所以，孩子在學校有狀況，老師會請家長來學校，跟學生一起進行三邊會談，尋求對策。

另外，唐鳳也發現德國人非常守時，從學校裡就開始培養守時的觀念。如果學校足球隊的練習有人遲到了，那個人就不能下場打球，但也不能離開，只能在板凳上呆坐兩個小時，等練習結束。

餐桌上的家庭會議

在德國的日子，這個原來感情出現裂痕的家庭，慢慢修復。幾次晚餐桌上的討論，呈現出既知性又溫暖的風格。

李雅卿在《天天驚喜》中記載著，有一次，因為唐光華不贊成孩子們玩某個吸血鬼電腦遊戲，說了一句：「我覺得那個遊戲不好，你們不要玩。」他們一家人開始討論：「爸爸可不可以高高在上，命令小孩？」

「爸爸以為他是爸爸，而且賺錢養我們，所以他就比較大，對不對？」唐鳳首先發難。

「爸爸這樣說的嗎？」媽媽說她沒聽到。

「對啊，爸爸上次罵我的時候就這樣說的。」唐鳳說。

「那你覺得爸爸可以這樣高高在上嗎？」媽媽問。

「爸爸不養我們，我們就要餓死，如果他要高高在上，我們也沒辦法。」唐鳳不情願地說。

學政治的爸爸說：「地位的高低，有時因為知識和道德產生，有時因為權力而產生。我強調的是知識和道德，而不是權力。媽媽認為呢？你是學法律的。」

「我想我們今天談的是權利，不是權威也不是權力的問題。爸爸可不可以因為賺錢養家就命令小孩，我想不可以。我們生了孩子，當然要撫養他們，否則就是遺棄。」媽媽很認真地回應。

「所以父母親權的發生，不是因為你們賺錢養我們而來的囉？」唐鳳問。媽媽趁機補充，親權，是指父母親所特有的，為兒童安排、選擇教育的權利，監護孩子人身安全及財產的權利。

「但是，在某些緊急的時刻，或是你們明顯違法的時候，我可以命令你們吧？」爸爸舉了幾個例子。

「可以。但是事後必須解釋。但是玩不玩吸血鬼遊戲，不是緊急狀況，也跟任何法律無關，所以，你不能命令我們。」唐鳳說。

「同意。但是做為父母，我們有妥善教育我們孩子的責任。所以，我要求討論這個吸血鬼遊戲的適切性。」媽媽說。

媽媽下了這個結論後，在餐桌上又開始另一階段的討論，直到達成協議。

在台灣時，這個家庭曾經在某一天的晚餐桌上決裂；來到德國後，這一家人，透過更多的理解和溝通，終於在餐桌上和好了。

想回到台灣改變教育！

不但在餐桌有各種話題，這一家在德國的客廳，也迎接過罕見的客人。

唐光華在一九八九年五月期間，曾經在北京親眼見證天安門學運。在那個時候，中國的知識分子開始有呼喊民主的聲音，那是中國共產黨統治下的中國，最接近民主的時刻。學政治的唐光華，想了解當時北京知識分子存在多時的新權威主義辯論：「中國應先發展經濟，之後才實施民主？還是，中國現在就應實施民主，避免權力腐化？」

但是，他在報社工作，身分敏感，所以後來選擇以私人休假前往北京。抵達隔天，正好是五月十三日，北京開始有學生絕食，並且有三十萬人聚集在天安門廣場上。

之後幾天，中國各地的學生和民眾開始串聯，街頭瀰漫著革命的氛圍。唐光華平日穿梭北京市區，有一天來到北京大學，看到參與學運的大學生們，在校園各處寫下慷慨激昂的詩句，字句裡充滿理想和熱情，讓他深受感動。他拿出紙筆，親手抄下三十幾首，後來發表在中國時報上，成為他參與這段歷史的見證。

在德國家裡，有時有中國流亡學生來訪，主人唐光華透過閒聊，與他們展開政治思想與民主制度的辯論。唐鳳在一旁聽著大人們的話題，有時討論人類歷史上的六種政體（從民主到極權），有時討論代議政治的缺點，有時討論各領域的公共議題，如何修正才能為更多人帶來幸福。

這些在客廳發生的熱絡思辨，對一個小學生來說，或許太過艱澀。但是，如果從後來唐鳳在人生關鍵時刻的選擇來看，他似乎在潛移默化中受到引導，不只追求自己人生的幸福，也希望能有更多人因為他的努力，而變得幸福。

德國小學只到四年級，之後就要決定，下一階段要讀哪一所中學。那時，唐光華還沒修完博士學位，原來這一家的計劃，是讓唐鳳繼續在德國升學。因為他在班上表現優異，老師推薦他去就讀一所明星中學，並且主動為他寫推薦函。

在這個時候，有另一個來自美國的華裔訪問學者，也看出唐鳳資質優異，希望能說服唐家，讓唐鳳去美國名校就讀。

就在大人兩難的時候，唐鳳跟媽媽說：「媽媽，我不想留在德國，也不想去美國。我要回台灣，我要在自己的土地上長大。」

李雅卿一下子傻住，她沒想到孩子竟然會想要回到台灣讀中學。比起小學，中學是升學壓力更大的地獄。曾經那麼痛苦的日子，難道還要重新再來一次嗎？

唐鳳對著媽媽說了這樣的話：「我在台灣那時，還是四年級的學生，雖然跳級到六年級上課，但常常覺得無法跟同學說道理，因為同學聽不懂。來到德國，我降級一年，重讀四年級，班上的同學雖然年紀比我小，卻比我成熟，比我會處理事情。德國的同學不比我聰明，可是他們長得比我好，比我有自信。我常常想，為什麼台灣的小孩要那樣長大，而德國的小孩可以這樣長大？我要回去，我要回台灣做教育改革！」

這一番話，再次打亂了爸爸媽媽原來安排好的計畫。這對父母最後還是以極大的愛心，讓唐鳳去了他想去的地方。這一次，他選擇了回到故鄉。

也在這個時候，唐鳳去社區的醫院做健康檢查時，醫生發現他的心臟有雜音。進一步檢查發現，唐鳳在四歲時癒合的心室，因為他到德國後長得太快，又出現了裂縫，一定要開刀。因此父親一人留在德國專心學業，其他的家人則立刻回到台灣，讓唐鳳接受治療。

在十二歲那年，唐鳳申請了第一個網路帳號 Autrijus，意思是「大家的孩子」。回顧過去幾年歷經驚濤駭浪的成長過程，他知道自己這一路走來，憑藉的除了家人的陪伴，還有許多老師、同伴的幫助，他是大家的孩子，在眾人愛心之中，那個幸運長大的孩子。

Autrijus 這個名字，來自唐鳳小時候最喜歡的書《說不完的故事》（*The Neverending Story*，德國作家麥克・安迪於一九七九年出版的奇幻小說）。書裡有個國家叫做幻想國，因為世界上的人們愈來愈功利，不再幻想，所以，幻想國的國土慢慢消失，面臨滅國的危機。這時候，女王找到幻想國的一位少年 Autrijus，請他去尋找重新啟動幻想的鑰匙，拯救這個國家。

從後來的種種歷程來看，幻想國少年 Autrijus 與唐鳳，似乎真的合而為一，它們一起聯手，展開了改變現實世界的驚險旅程。

Chapter 3 自學少年

課本上的知識落後網路十年，我想學的，在學校學不到。

每個人都與眾不同，
與眾相同是一種幻象。

——唐鳳

出席大學課堂的國中生

一九九二年從德國回來台灣之後，唐鳳像是瞬間長大，回到普通的小學就讀，每週去三天（當時一週上課五天半），其他時候自學。就這樣，他穩重地讀完小學六年級。

他與媽媽參觀每所可能就讀的學校，最後，選擇了離家最近、教學方式新穎的北政國中。一九九三年進入國中就讀，唐鳳也展開對自己生命的全面探索。

那時候，台灣政府為了保障每一個小孩的受教權，規定國小與國中屬於義務教育，所有孩子必須到學校念書，而且每學期必須要出席一定的天數。但是，北政國中的校長杜惠平，看過唐鳳的學習狀況，跟唐鳳深談之後，特許他不用每天到校，只要參加學校考試，有成績的紀錄即可。

根據杜惠平校長的回憶，唐鳳是她教學生涯中從未見過的奇才。當時，學校的教務主任反對學校為了一個特定的學生，違反教育部的規定。但是，她看過唐鳳在課堂超前學習的情況，所以跟校內老師說：「唐鳳的彈性上學不算缺課、不必請假，這是『校外學習』。」

再一次，唐鳳遇到了願意忽略教育部行政規定，為自己開拓新路的師長。不上學的日子，唐鳳就到大學去聽課。他常出現在住家附近的政治大學，這是李雅卿和唐光華畢業的大學，爸爸媽媽推薦哪一個老師的課好聽，唐鳳徵得老師同意後，就出現在課堂上。他因此聽了許多政治系、法律系和哲學系名師的課程，影響至今。

另一方面，他以驚人的速度和胃口，瘋狂閱讀。他把中文六經（詩、書、易、禮、樂、春秋）讀完，他喜歡奧修（Osho），也自稱是維根斯坦（Ludwig Wittgenstein）的信徒，他讀金庸的武俠小說，也著迷地反覆閱讀《紅樓夢》。

網路也提供給他海量的書庫。在當時有一個把世界經典上線的《古騰堡計劃》（*Project Gutenberg*），他從那裡讀到了亞當斯密（Adam Smith）的《國富論》，以及達爾文（Charles Robert Darwin）的《物種起源》等書。

這時候的他，已經不如以前那樣熱愛數學，反而比較願意把時間花在撰寫電腦程式上。

這個奇特的自學少年，引起外界好奇。有一段時間，他常常跟爸爸唐光華夜談，也常常跟爸爸出門見藝文界的朋友。有一次，爸爸工作的《中國時報》登出一段父子對談，唐鳳在對談時說道：「那些數學題目的答案早就被破解了，做再多的練習也只是增加解題技巧……我現在比較喜歡自己設計程式，發現理論。」

此時已經是網際網路飛快成長的時代。起源於美國，原來用在科學界和教育界的網際網路，在一九九〇年以後開始爆炸起飛，開放給各行各業使用。台灣各地的BBS站如雨後春筍成立，第一批網路世代從此開始成長。

網路界早熟的天才們

唐鳳就在這時候，認識了一批台灣早慧的電腦天才，這些來自網路的緣分，徹底改變他人生的方向。

小學六年級以後，曾經教過他數學的朱建正教授，推薦他去台灣大學旁聽，那裡有為高中數學資優生開設的討論課程。在課程中，他認識了建國中學（簡稱建中）的朋友，也發現出身建中資訊社的靈魂人物劉燈所創立的 Delta Center BBS 站。不久以後，他在電腦世界以 Autrijus 之名，以國中生的身分，成為建中資訊社的外圍社員，跟這些天才交流的結果，讓他認識黑客文化，改變了他的一生。

建中創立於一八九八年的日本統治時期，是台灣最負盛名的公立高中男校。過去以台北一中之姿，共出賽過七次春季與夏季棒球甲子園，高中橄欖球盛會「花園大會」也有兩次優勝。歷年校友有諾貝爾獎得主、總統、大學校長、名醫、企業家、政治家、作家和電影導演，校風自由，是一個充滿天才與怪客的世界。

建中資訊社有幾位成員，才華洋溢，成為唐鳳的學習對象。第三屆社長劉燈，小學的時候就寫出知名軟體，十四歲的時候，就在當時台灣主要的電腦雜誌《第三波》寫專欄。另外有一位資優生單中杰，他國中的時候，數學已經達到大學程度，而他的英文能力，已經可以擔任口譯。

高中的時候，單中杰和另一位社員戴凱序合著小說《微軟陰謀》（一九九五年出版），這本書以黑客圈的經典著作《銀河便車指南》（*The Hitchhiker's Guide to the Galaxy*）為靈感，諷刺微軟包山包海，卻總是有瑕疵的產品策略，也嘲諷當時的政治現況。書裡反映出他們尊崇技術、輕看商業，針砭時事的狂狷態度。

部落格作家 Debby 曾經對這幾個早慧天才有傳神的描寫：「這些人念的是理工類組，但他們對語文都有相當高的造詣，而人造語言是這批黑客閒暇時的癖好，他們常以自創的語言自娛、交流……這批建中資訊社學生甚至自編了《黑話字典》中文版，用來解釋他們所用的特殊字詞是什麼意思。」

這是唐鳳第一次進入一個天才環繞的團體中，這群建中朋友都是高分通過智商測試的天才，他們博學強記，興趣廣泛，團體中散發出聰慧的知性和不馴的野性，深深吸引著少年唐鳳。

何謂黑客精神

從這些大他幾歲的天才身上，唐鳳第一次看到什麼叫做「黑客精神」。電腦黑客不僅是程式高手，對於發現程式漏洞有一種狂熱執著，這些高手更是對知識充滿無可救藥的好奇心，對於自己不懂的事一定要弄到懂為止。可以說，唐鳳從那時開始，身體裡面就帶著黑客DNA，活到現在。

這些大朋友之中，劉燈是特別具有活力那一位，他不但自己發行個人刊物，還常常聚集一群人進行沙龍式的聚會，話題橫跨電腦、網路與藝術。另外，劉燈閱讀的書單很廣，他也會把書單給唐鳳，鼓勵他去探索新的知識領域。

與這群天才互動的過程中，唐鳳同時獲得知性的衝擊，以及心靈的陪伴。在此同時，唐鳳也沒有放棄國中的功課。雖然沒有每天去上課，但他在國一、國二時一樣參加學校考試，保持著很好的成績。甚至，他還打聽到，如果能夠參加全國科學展覽得到前三名，就有機會保送建中。

國中一年級的時候，他研究一種電腦資訊壓縮法，參加科學展覽，得到全國第三名。二年級的時候，他寫出一個人工智慧程式，叫做「電腦哲學家」，觀念創新而且完成度高，獲得評審一致讚賞，這次，更進一步，得到全國第一名。

二年級上學期，他去參加全國的國中數學競試，只花了兩週準備，就輕鬆拿到銅牌。

這三次的好成績，都讓他有機會保送明星高中，眼看著，他幾乎已經拿到建中的入學資格了。所有人都認為他會跨進建中大門時，只有他自己還在猶豫。

一條為菁英鋪設的康莊大道，通往可見的光明未來，這……真的是自己想要的嗎？他猶豫著。

唐鳳小學時就對宗教和靈性的書有興趣，小學六年級讀完易經之後，有一陣子每天拿著銅板到學校去幫同學卜卦，後來發現易經的精神很明白，但卦辭有的很無稽，就慢慢失去了興趣。

經過這些年不斷反思自己的生命，唐鳳發現自己是由三個「小我」組成的。一個是每天吃飯生活的「日常我」，一個是寫詩的「靈性我」（筆名天風），另一個是「網路我」，在網路上的 Autrijus。

唐鳳覺得，這三個「我」個性不同，卻住在同一個身體裡，讓他覺得很困惑。他需要找到一個地方，獨處，好好想一下。

察覺到內心呼喚的聲音

媽媽同意讓他在安全的地方，安靜獨處。在烏來山區，媽媽找到一間小木屋，也幫他準備了一些食材，讓他自己打理三餐，於是，少年唐鳳就這樣背著背包出門。

他在山上，一個人生活在沒有燈的小屋，白天看山、看樹，晚上凝視月光，在靜默的空間裡聽溪澗、蟲鳴和遠處的狗吠聲。大自然與他融為一體，他在宇宙之中，宇宙也在他的心裡。他思考著自己是誰。

他想著自己從小至今，與這個世界的衝突，所為何來？

他想著要如何活在這個世界上，要如何能夠少一點痛苦，多一點幸福？

在他身體的深處，似乎有一種女性的呼召慢慢甦醒。他回顧自己過去種種時，突然如此意識到。

如果社會能接受他是女性，許多過往發生的不愉快，也許不會發生。那是他有點陌生又有點熟悉的，也是他曾經壓抑而如今可以坦然面對的。

在小屋裡的時光，讓他想通了，自己必須善待心理的渴求，不再逃避。

另一方面，儘管這個世界不斷測量他的智商，讓他得到天才的冠冕，但是，他已經不想再用別人的標準，來定義自己的能力。從此之後，他決定不再回應這個世界加諸己身的榮耀，第一名、第一志願、文憑、明星大學，在他心裡已經如同浮雲。

在網路之間，以 Autrijus 為名，他已經找到自己此生可以棲身的平行宇宙，從此不再眷戀這個爭競喧囂的現實世界。

去小屋之前，他把那本黑客小說《微軟陰謀》塞進背包裡。在三週閉關的時間裡，唐鳳把這本很少人能看懂的書看了二十幾遍，雖然他的電腦資歷，還不足以理解書裡的細節，但是，他仍然像著了魔一樣，把整本書幾乎背了起來，神往於書裡那個世界。

寫下這本書的單中杰，在書的後面附了二十二本英文書單。在往後的日子裡，唐鳳一一把這些書讀完，英文也因此突飛猛進，不過，這是後來的事了。

此時，在跨出小屋，走向這世界的時候，他知道，自己已經背離這個世界的期許，卻把原來分裂的三個自己合一了。他後來寫信告訴同學：「我找回很多昔日的歌、失去的影子和昔日的心。」

不升學念高中了

回家之後，他告訴爸爸媽媽，他不在意文憑，他不會繼續升學，往後，他要走自己的路。

這個決定，在家裡再次引爆不安。

媽媽支持唐鳳放棄讀建中的機會，爸爸則比較保留，他認為唐鳳放棄日後成為傑出科學家的機會太可惜。種種質疑再次出現。

一家人商量，到北政國中校長杜惠平家裡討論，這樣比較能心平氣和。於是唐鳳與父母到校長杜惠平家裡討論是否念高中，爸爸想勸他往理科發展，唐鳳卻這樣說：「全世界的科學家有幾十萬，如果走這條路，不過是幾十萬人之一；如果走資訊科技，那麼我就是先行者（pioneer）。」他對校長和爸爸說：「課本上的知識落後網路十年，我想學的，在建中學不到。」

究竟，為什麼唐鳳有這樣的轉折？或許，他看過加州柏克萊大學（University

of California, Berkeley）計算機教授哈維（Brian Harvey）那個著名的黑客見解。

曾就讀麻省理工學院（MIT）的哈維教授發現，他周遭的學生通常分成兩派，一種是模範學生，成績都是A；另一種是所謂的黑客學生，常逃課，上課睡覺，晚上卻又精力充沛，忙著研究電話、通訊、鐵道或是電腦。

要服從社會的遊戲規則，當個乖學生，力爭上游，成為人生勝利組？還是要成為破解社會制度漏洞的黑客，然後回過頭來，修復這個社會呢？

這正是那時，在他心裡的抉擇吧。

最後，這場唐鳳與家人的爭論，就跟以往一樣收尾。這個家庭的眾人，再次被唐鳳說服，把生命的責任交回他手中，讓他自己為未來負責。

美國詩人佛洛斯特（Robert Frost）曾經寫過一首著名的詩作《未走之路》（*The Road Not Taken*），其中提到：「森林裡有兩條路，我選了人跡較少的那一條，人生從此不同！」

在十四歲那一年，唐鳳走出森林裡的小屋，真的選擇了一條人煙稀少的路，一條非典型、充滿實驗精神和驚奇的人生之路。

天才擁抱黑暗

之後幾年，唐鳳把時間花在自學、出版自己的刊物，以及創建社群上。比唐鳳小兩歲的作家胡又天，小時候看過一篇唐鳳的報導後，對這個傳奇人物一直充滿好奇。

十四歲的胡又天，曾經隨著父母到唐鳳家拜訪，從此，就一直關注唐鳳。胡又天跟著少年唐鳳的軌跡，玩各種遊戲。到唐鳳家拜訪那一天，他第一次接觸到《魔法風雲會》（*Magic: The Gathering*）卡牌遊戲，覺得很有趣。

後來才知道，原來唐鳳一直對這個遊戲十分著迷，十七歲的時候，他甚至成為台灣《魔法風雲會》積分最高的選手，還代表台灣出國比賽，打進世界盃。過了幾年，唐鳳也協助建置魔法風雲會的線上電子競技平台。

唐鳳說，自己也會玩回合制的電競平台，像是 FreeCiv、NAO、Wesnoth 和

XCOM 2，電玩一直是他的愛好。

長期觀察唐鳳的胡又天，覺得唐鳳最難得的特質，就是「保護弱者的感受」。也許是因為他童年被霸凌的經驗，使得他覺得自己義不容辭的，需要為弱者盡力。

十四歲時，唐鳳接受了媒體採訪。當時他被記者問到，「怎麼看待自己的天才」時，他說：「很多不被當做天才的人，有他們自己的光芒；很多被當做是天才的人，有他們自己的黑暗。這些都很美、都很漂亮。讓這些美存在，不要讓ＩＱ存在！」

天才的確有黑暗面。幾年以後，唐鳳讀到一本英文書《Gifted Grownups》，裡面詳盡地描述了資優兒童長大之後所面臨的學習、職場和人生挑戰。

書中有一個章節特別提到，在監獄裡的罪犯，竟然有二〇%是資優大人！有一位負責假釋申請的官員如此說：「也許，變成罪犯的天才們，過去的人生中都過著破碎的生活。」

因為家庭的忽視、學校的挫折，或是錯誤的人生抉擇，使得這些聰明的心靈墜入輟學、犯罪、自殺的陰暗生活。

這本書像是一則警世的預言，讓唐鳳從高處俯看了一個天才一生可能面對的人生挑戰和困境。後來他與人合作，把這本書譯成中文書《我的天才噩夢》，以此提醒自己，要避免落入天才的悲劇之中。

對實驗學校的想法

也許因為上述的考量，唐鳳對於教育抱持著特別想法。從德國回到台灣之後，媽媽李雅卿興起自己辦學的念頭，也得到唐鳳的全力支持。

回顧過去媽媽對他的陪伴，他認為媽媽是一位「很優美的引路人」，一直走在他的前方，排除萬難，讓唐鳳走自己的路。這一次，唐鳳也以行動幫助媽媽心想事成。

李雅卿陪伴孩子求學的過程中，對於「學校應該如何教」、「學生可以如何學」有許多思索。她參考英國的夏山學校、德國的史坦納學校、日本的緒川學校，慢慢構思出一個理想的小學樣貌，成為台灣開展實驗教育的先行者。

一九九四年，李雅卿及一群家長一起創立種籽學苑。這所小學的必修課只有國語文和數學，選修課多達二十二種，從英文、理化、美術，到木工、水電修護、農藝，學習的樣貌變得更寬、更廣、更多元。

學校中的老師扮演引導者和傾聽者，是陪伴孩子學習而非強迫學習的人。每班的孩子可以自己選導師，師生比只有一比七。學校的規定經由跟師生的討論而產生，而不是由單向的權威制定。當學生彼此發生衝突時，老師協助學生以討論來解決衝突。學校裡設有「校園法庭」，法官由學生信任投票產生，法庭事務皆由學生主導。

經過第一年的嘗試，後來，種籽學苑以「自主教育實驗計畫」的面貌，找到位在新北市烏來山區的信賢國小，做為教學的場地。這所被山林包圍的小學校，吸引了各式各樣的學生來去。有些是在其他學校心靈受傷的孩子，到這裡來療傷；有些父母把孩子送來這裡，擔心小孩變得太有主見，後來又帶著小孩離開；也有鍾愛這裡的孩子，發願長大以後，還要回到這裡來教書。

這所學校建立了嶄新的教學形式，後來成為台灣近二十年實驗教育的先驅。李雅卿後來也把這樣的理念和教學模組，推廣到國中和高中，創下必修、選修和自主各兩年、三學程的台北市自主中學六年一貫實驗計畫，把實驗教育的火苗一路從小學延伸到高中。

在這個過程中，唐鳳扮演顧問和助攻的角色。他曾經在一九九七年，出席台北市議會聽證會，現身說法，後來催生了台灣最早的實驗教育條例，完成他當初在德國曾經許下的心願，就是「要回台灣做教育改革」。

李雅卿除了投身實驗教育之外，也在一九八〇年代關懷消費者和環境保護運動，第一線參與籌創主婦聯盟基金會、兒童哲學基金會、自主學習實驗學校、教改聯盟等等。

如果說父親唐光華對自由民主的了解與信心，影響了唐鳳。母親李雅卿這些關懷生態保育和教育改革的長期實作歷程，則為唐鳳播下對社會運動與社會創新深具信心的種子。

不只李雅卿走向實驗教育，曾經幫助唐鳳的另一位老師楊文貴，後來也成為台灣實驗教育的實踐者。這些有遠見的老師，以不同的方式來幫助孩子脫離打罵教育，能夠適性學習。

經過二十年的耕耘，台灣今天已經制定實驗教育相關的法律，允許學生不用每天到學校上課，可以針對自己的需求制定專屬的學習計畫。

這樣看來，也許，下一個天才，不用再經歷跟唐鳳一樣的痛苦，就可以得到自由學習的空間，這是得來不易的改革成果。

不過，對十四歲唐鳳來說，雖然他已經脫離學校教育，但是他人生的挑戰並沒有結束。離開學校後的下一步，他該往哪裡去呢？

導師與隊友

Chapter 4

Share & Enjoy!

我們不相信標準答案。解決問題的答案不只一種。

We don't believe in standard solutions. There is more than one way to do it.

——唐鳳與宮川達彥談 Perl 社群信念

從「大家的孩子」到「社群的火苗」

如果說童年的唐鳳是「大家的孩子」，之後唐鳳的人生，主軸應該是「社群的火苗」，是點燃社群正面動力的那個人。他在不同的幾個網路專業社群中成長、磨練、茁壯，社群開拓了他的眼界，增加了技術和溝通的實力，豐富他的世界觀，最終，也成為醞釀創業能量的地方。可以說，社群就是他的人生學校，以及創業的轉折點。

一九九三年時，十二歲的唐鳳應資訊人出版社股東劉燈的邀請，把自己學習電腦的過程寫成一篇文章，收錄在《我的電腦探索》。這本書共有十位作者，都是當時台灣最早開始玩電腦、寫程式的年輕人，也因為這樣，這十位作者，包含唐鳳，受到社會注目。

十四歲離開學校後，唐鳳繼續在程式的世界中鑽研。幫他出書的資訊人出版社，邀請唐鳳幫忙維護公司網站。就在這個時期，他為了增加自己的實力，開始研究當紅的網站程式語言（Perl），他加入全球的 Perl 社群，協助中文化，並持續在專屬的聚落（Comprehensive Perl Archive Network，CPAN）中發表作品。

對唐鳳來說，加入這個全球社群，是一場跨越時空的華麗冒險！他碰到了前所未見的怪傑導師與熱血隊友，往後十年，他以愈來愈熟練的英文，日以繼夜地在網路空間、世界各地的城市角落裡，一一遇見這些傳奇人物，與他們交流、學習，最終，自己也成為一則傳奇。

唐鳳之後對社群文化的理解和實踐，歸功於幾位導師。沃爾（Larry Wall）

是 Perl 語言之父，他是語言學家跟程式設計師，經常把程式設計的專有名詞說得淺顯易懂，例如程式中的「變量」、「函數」和「存取器」，他有時會說成「名詞」、「動詞」和「主題」。能夠以深入淺出的語言來解答程式問題，是他的專長。

沃爾不但聰明而且幽默。他曾經說過：「程式設計師的三種美德就是：懶惰、急躁和傲慢。唯有懶惰，才能讓人寫出簡潔且方便別人運用的程式。唯有急躁，才能在電腦硬體龜速時，讓你立志寫出更輕盈的程式，把在電腦上要處理的事火速處理完畢。唯有傲慢，才能督促你寫出別人挑不出毛病的程式。」

對唐鳳來說，他從沃爾在社群中的言行，看到一個既知性又包容的典範。在社群中，每次碰到各方有爭議的時候，沃爾總是會說：「解決問題的方法不只一種。（There is more than one way to do it.）」

到最後，這句話幾乎成為 Perl 社群的口頭禪，人人可說，也總是在社群討論最火爆的時候，派上用場。

另一位啟發唐鳳的前輩，是電腦科學界的先行者克拉克（David D. Clark），目前是ＭＩＴ電腦與人工智慧實驗室的資深科學家。

克拉克曾經以一句名言，成為網際網路軟體工程師的精神領袖。他說，在任何討論中，「我們拒絕國王、總統和投票，我們相信粗略的共識（rough consensus）和進擊的程式！」

這個意思是，在社群中應該要拒絕威權，不濫用投票草率尋求結論，而是用專業來解決問題。

這句話，讓唐鳳感受到身處這個專業獨有的尊嚴和溝通的智慧。為什麼在專業社群中，「粗略的共識」比投票更好？唐鳳認為：「粗略的共識，表示大家雖不滿意，但還可接受，這種溝通，沒有人全輸，也沒有人全贏。但是，只要一投票，那些少數人就輸掉了。」唐鳳說，所以，在社群中要常常對話，目的是為了討論出各方可以接受的結果。

十幾歲正式踏入創業

在經歷國際社群洗禮的同時，唐鳳也慢慢開展自己的軟體工程師生涯，並且走入商業世界。只是，相對於唐鳳在Perl社群的如魚得水，他從十四歲以後出社會的頭幾年，在職場雖然擁有光環，但都不算太自在。

一九九六年時，唐鳳因為自己寫的作品愈來愈多，就寫了一個搜尋程式方便尋找。這個程式被資訊人出版社的另一個股東賀元覺得大有商機，擴充功能後上市銷售。後來，這個命名為〈搜尋快手（FusionSearch）〉的軟體，有中英文版本，上市後賣了一萬多套。唐鳳在隔年應邀成為這間公司的技術總監，也成為股東，負責開發軟體產品。這一年，他十六歲。雖然那時也是合夥人，不過，畢竟只有十六歲，對於商業世界的想像比較單純，比較是以技術力為出發點。

相對於他，另外的兩位合夥人賀元和薛曉嵐，當時都在就讀商學院研究所，對於商業世界的想像更為世故些，也擅長用商業的華麗語言，向媒體及投資人溝通。唐鳳雖然是裡面年紀最輕的一位，但是並非沒有主見。最終，在公司未來發展的方向上，唐鳳無法跟另外兩位達成共識，於是離開了公司。

表面上看來，唐鳳似乎失算了，沒有跟著這間公司走到最輝煌的高點。在唐鳳離開的那一年，資訊人獲得英特爾（Intel）投資一億元台幣，後續還有高盛及花旗銀行也在出資行列中。一九九五年創立，原本不到十人的小公司，突然在短短幾年內，膨脹成為超過兩百人的中型公司，除了台北，也在北京開了分公司。

資訊人的產品線也迅速擴充，從七國語言的搜尋引擎軟體、即時訊息軟體到競標網站。根據公司發布的消息，一九九九年的營收達到三百萬美元，在這一年，公司損益平衡，看起來前途一片光明。

不過，事後來看，這就是這個話題公司的高點。根據媒體分析，在此之後，因為網路經濟泡沫逐漸顯現，資訊人的產品線各有目標市場，沒有產生綜效，營收變得不穩定，原來預定要增資的資金也沒有到位。後來，這間公司陸續傳出壞消息後，員工離職，共同創辦人也離開，最終，在二〇〇一年四月結束營業。

另一方面，在一九九七年離開資訊人的唐鳳，進入當時宏碁（Acer）集團裡的明碁電腦工作。當時的主管李焜耀很看重這個年輕人，後來派唐鳳去美國矽谷考察新的事業機會。在那裡，唐鳳看到一個可行的商業模式。

從少年時代讀過《微軟陰謀》之後，他一直認為軟體是公共資產，應該可以讓人自由撰寫、免費取用，作為讓社會進化的基礎建設之一。因為這樣的信念，在軟體世界中，他很自然地，站在非商業的自由軟體這一邊。

但在矽谷，他了解一件事：支持自由軟體不需要反商。對於軟體工程師來說，也有一種商業模式，是著眼於替企業降低成本。

唐鳳舉例，「自由軟體有一部分的價值在於：能幫公司省多少錢。例如，以現在的Google來說，如果公司裡成千上萬部電腦上的軟體都要付授權費，那麼，就不可能出現Google，因為光是付授權費，就是天價了。」

自由軟體運動後來演化為開放原始碼（open source）運動，面對這個複雜多元的軟體世界，大企業通常會聘用開源碼顧問一起工作。

「在矽谷，很多開源碼顧問，領的是高薪，他做的事可以幫助企業省掉那些必須自己開發、維護軟體的成本，省掉數以千萬計的軟體費用，這樣企業就可以聘用更多人。」唐鳳說。

帶著這樣的發現回到台灣，在二〇〇〇年七月，十九歲的唐鳳得到先前主管李焜耀的支持，成為傲爾網的總經理。這間公司是一個由五人組成，精簡而年輕的團隊，年齡從十九歲到二十七歲，主要是以諮詢顧問和教育訓練，服務那些取用開源碼軟體資源的客戶。

藝術家獨立協會的夥伴們

早先在資訊人工作的時候，唐鳳發起成立「藝術家獨立協會（簡稱藝立協）」。因為覺得寫程式如同藝術創作，所以這樣命名。藝立協是一個推廣開源碼和 Perl 的線上社群，也有每週一次的實體聚會，成員還包括高嘉良和簡信昌，這兩位先後成為唐鳳在傲爾網的同事。協會後來也歡迎其他的獨立工作者加入，例如攝影師、音樂創作人。

雖然叫做協會，但是並沒有註冊成為法人，氛圍也比較像學生社團。那時候的藝立協，每週日下午在台北歷史悠久的紫藤廬茶館聚會。聚會的氛圍如何呢？現在投入新媒體《READr》的簡信昌說，某一次有朋友到紫藤廬要參加藝立協的聚會，老闆順手指向角落說：「在那裡。每個人都在看筆記型電腦，但沒有人講話的那一群就是。」

他們在線上世界熱絡，見了面卻不太常交談，即使聚在一起，也常常回到線上溝通。但是，當有人拋出一個天馬行空的議題時，與會眾人就會進入熱烈的討論，只不過，話題無止境的延伸時，常常進入凡人無法觸及的抽象世界，簡信昌說：「這時候，能夠繼續對話的人只有兩個：唐鳳和高嘉良。」

畢業於台中一中的高嘉良，與唐鳳同年。在高中時代，他被同學形容是「上課常常在打瞌睡，似乎對課業沒有興趣」，但是「對電腦充滿無盡狂熱」的人。高中畢業後，被保送上台灣大學資訊工程系。他在台灣的 Perl 社群與唐鳳認識，從此成為朋友，甚至室友。

高嘉良和唐鳳的友誼後來持續超過二十年，他說：「唐鳳就是個思考很快的人，我們常常會聊到未來科技的事情。」

高嘉良對程式寫作同樣癡迷，在同為室友的日子裡，高嘉良連洗澡時都把筆電帶進浴室。後來有一次他飛飛行傘摔傷，整個頭頸被固定，躺在床上休養。即使在這樣的不便之中，高嘉良也沒有放棄寫程式，他立刻架設了一個類似床上早餐桌的置物平台，把筆電放在上面，躺著繼續寫程式。他這個發明，被唐鳳讚為「史上最不費力的工作平台」。

有一段時間，這兩位室友非常熱衷推廣 Perl，認為這樣優美如同藝術品的程式語言，每個人都應該學。所以，當年的他們，以傳教士般的熱情推廣，連他們喜愛的重金屬搖滾歌手，那個留著長髮、彈著吉他，在舞台上裸著上身、揮汗甩頭嘶吼的 Freddy（林昶佐），都被迫學習。

Freddy 是台灣閃靈樂團的主唱。二十五年前，Freddy 還是大學生時，就創立閃靈樂團。那時，唐鳳及高嘉良都是這反骨地下樂團的樂迷，有空都會去看表演進而認識彼此，Freddy 在製作閃靈網站時，兩人也給予建議，進而成為好朋友。後來，因為聊得盡興，唐鳳和高嘉良也邀請 Freddy 參加藝立協的聚會。

被問到藝立協時期的唐鳳是什麼樣的人？Freddy 笑著說：「他們那一群就是奇特的人！」

怎麼奇特呢？例如當年駭客任務（The Matrix）電影正風行的時候，唐鳳就仿效電影裡的情節，在脖子後面中央的地方刺青，作為與電影呼應的印記。唐鳳對駭客任務的喜愛至今不減，電影主角手上拿的那一款 Nokia 手機，如今復刻版也出現在唐鳳的家裡。

Freddy 還記得，那時會跟唐鳳和高嘉良亂聊科技的未來，或者未來的政府服務可能採用哪些創新的方式來進行，而科技又可以幫上哪些忙等等。

「唐鳳是藝立協裡面最奇特的一個。那時候他常常有科學或玄學的奇想，也對未來有很多想像。」Freddy 說。

藝立協這群程式設計師，雖然不常見面，但是在線上社群卻很熱絡。他們有時討論嚴肅的程式議題，有時討論音樂、藝術與人生，有時一起舉辦研討會。在那幾年，他們一起探索開放原始碼的世界，共享開發工具、資源與資訊，雖然沒有明確組織，卻是一個很有凝聚力的社群。

與程式語言 Haskell 相遇

唐鳳擔任傲爾網總經理後，有媒體發現他只有十九歲，十分好奇他的背景，他回應：「八歲的時候，別的小朋友都在玩遊戲，我已經開始學寫程式，一路鑽研至今，對我來說，寫程式或除錯（debug，找出程式漏洞）都是一種成就感。」

另外，被媒體問到營運模式的時候，他說：「傲爾網雖然只有五個人，但是有可以搭配的外部程式開發者。我們主要的收入，是諮詢服務和教育訓練費用。由於企業開發核心程式和應用程式，可能需要花費極大的成本，所以非常需要像我們這樣的團隊，協助公司產品以及服務盡快問世。」

當時，在唐鳳原來的想法中，台灣的軟體產業，正從製造業的思維，轉型成為共創服務業的思維，傲爾網搭配外部的程式開發社群藝立協，這應該是一個理想的組合。

在傲爾網的時候，有一個客戶是耀宏科技，唐鳳在這裡擔任顧問，協助解決疑難雜症。

那時，很多銀行和保險公司需要列印大量的客戶帳單，常常採用ＩＢＭ的 InfoPrint 系統（後來出售給 Ricoh），這套系統當時要價一千五百萬台幣，價格驚人但是功能非常強大，不但一分鐘可以印一千頁，而且可以偵測卡紙、自動換紙，以及啟動備用機器等功能。

二〇〇四年，唐鳳協助客戶接了一個保險公司的案子，要讓帳單的系統讀入客戶的名字，所以必須解決中文字型的問題，又因為客戶要求每一筆帳單要建立索引，這樣才知道是在哪一個分行或哪一個辦事處印的，所以必須再建立一個索引檔。

唐鳳用他熟悉的 Perl 寫了串聯兩者的程式，可是卻在載入時碰到了問題——電腦跟印表機反應的速度慢到不可思議，完全不能發揮正常的處理速度，讓他非常崩潰。「工程師都知道，（Mac）系統崩潰的時候，螢幕會出現六個國家的語言示警。」唐鳳回憶。

為了找出問題的關鍵，唐鳳也被迫在兩個月內學了六種新的程式語言，想要重寫程式，解決眼前的超級難題。只是，前面五種都沒有成功，最後學到的第六種 Haskell，終於成為救星，順利解決問題！這就是唐鳳與 Haskell 相遇的過程。

但是，這時候卻傳來了壞消息。

在二〇〇五年二月，因為台灣企業對於開放原始碼的生態仍然很陌生，傲爾網營運狀況不如預期，營運終止。

雖然傲爾網沒有成功，但是唐鳳看到了一個更有趣的領域，激發他巨大的好奇心，這個議題就是：如何透過專業社群開發軟體。

過去幾年，他雖然充滿熱情地推廣 Perl，後來甚至成為 Perl 專屬聚落ＣＰＡＮ

中發表最多模組的人，但是，他覺得如果不深入軟體開發的核心，對一個軟體的了解永遠不夠透徹，介紹這個軟體聽起來就像是在傳教而已。為了徹底弄懂這一個議題，他展開新的個人計畫，就是幫忙 Perl 語言下一步的突破。

唐鳳參與的 Perl 社群，在二〇〇〇年碰到了極大的瓶頸，Perl 語言發展到 Perl 5 就停滯，新一代的 Perl 6 一直難產，無法實作。社群中的眾人試過好幾個實作專案，後來都放棄了。

在二〇〇五年二月二日，Perl 社群中的馬瑟克（Carl Mäsak），突然看到社群中有人宣稱他已經開始實作一小部分 Perl6，用的是 Haskell，那個人就是唐鳳。

領導多國籍社群

當馬瑟克基於好奇踏入這個由唐鳳啟動的 #perl6 頻道時，「感受就像是站在颱風眼附近；事情像奇蹟般陸續發生，無論是因為唐鳳又完成了一組更動，或是旁邊又有人開始了某個很酷的專案，有趣的想法和點子，日夜不停湧入頻道當中。」

頻道中，也有許多人對唐鳳如何保持這麼高的生產力非常好奇，所以出現了如下的對話：

唐鳳：待會見，洗澡去。

Geoffb：所以說唐鳳在浴室也會連上網路的謠言不是真的囉……也許他把筆記型電腦放在浴簾外，邊洗邊看螢幕。

唐鳳：沒錯。通常是這樣。我都拿牙刷按鍵盤，以免鍵盤進水。

另外一次，有人討論到底唐鳳有沒有睡覺：

Castaway：唐鳳會睡覺？

nothingmuch：有時候他宣稱自己去睡了。

*castaway：完全不信。

Mauke：也許他和電腦之間有神經介面，讓他在夢裡寫程式。

Castaway：這我一點都不意外 :)

Juerd：嗯，有時候他說要去睡，可是沒幾個小時後就出現了一大份提交（程式作品）。所以我才不信呢。:)

Castaway：嘻嘻。據我看來，他每次最多只睡三十分鐘。

在全英文的 Perl 6 頻道中，唐鳳以英文無障礙的溝通，成功扮演了社群領袖的角色。因為他的熱情和幽默，這個頻道展現出徹底的歡樂氛圍，讓所有的人至今都很難忘。

打造這樣活力十足的跨國線上社群，是怎麼做到的？有一個程式設計師 Peter 在網誌中提到四個重點：快速回應、鼓勵所有人創作、創造可以讓大家放鬆的時刻，以及廣發邀請，讓有興趣的人參與。

唐鳳的確做到了上面所有的重點。在 Perl 6 頻道上，除了程式，他們也熱愛討論托爾金（J.R.R. Tolkien，魔戒作者）的詩，而這個頻道也歡迎任何有興趣的人參與，即使對方對這個主題只有粗淺的了解。

唐鳳這種善意風格，除了自己的人格特質之外，也受惠於 Perl 教主沃爾的教導。沃爾不只一次在社群中提醒大家要「擁抱小白」（troll hugging，接納技術不成熟或發言白目的人），不要在意對方剛加入社群時，程度在哪裡，而要關心他進來之後，能夠透過這個社群進步多少。

馬瑟克也提到：「相對於某些頻道的粗暴文化，#perl6 可說是網路上最親切的地方之一。我們花非常多的時間回答新手的問題、幫忙修正語法錯誤、並為訪客和開發團隊釐清各式術語及設計方針。我們互相幫忙看代碼和網誌文章，讓頻道上洋溢著彼此尊重和互相照顧的感覺。」

回顧這段瘋狂開發和推廣的日子，唐鳳忍不住微笑：「我們當時到處亂發邀請函，就是任何人只要提到 Perl 6，而且不幸的，他的 E-mail 被我們知道了，我們就會寫一封自動的邀請函過去，歡迎大家一起開發。只要有人在討論板上看到鄉民說：『這個 Perl 6 怎麼還沒出？』我們就會發邀請函給他說：『你來幫忙吧！』」

「或者有人跑去參加研討會，坐他旁邊那個 Python（一種程式語言）的作者吉多（Guido van Rossum）隨口問：『你們 Perl 6 現在怎麼樣啦？』結果他也收到邀請函。」

最後，甚至在核心團隊中有人家裡有剛出生的小孩，僅僅出生四天，大人就幫他新辦電子郵件，隨後就有人發了邀請函給這個嬰兒，「所以這個社群是一個完全無政府的狀況，但是大家都很開心、踴躍地上來貢獻。」唐鳳這樣笑著說。

兩年的世界壯遊

除了熱烈的線上社群，唐鳳也開始推廣 Perl 6 的壯遊，從二〇〇五年二月到二〇〇六年十一月，近兩年內到了全球二十個城市。唐鳳說，這是從一位知名數學教授艾迪胥（Paul Erdős）的生平事蹟得到的靈感。

艾迪胥居無定所，他旅行的方式就是跑到某一個數學家那邊，對他說：「你讓我住一陣子吧！然後我幫你寫你的論文，你不管論文在寫什麼都沒有關係，我來幫你寫。」

一直住到人家受不了，或者論文出版了，或以上皆是的時候，他就說：「你要我走可以，你要告訴我下一個數學家的地址，這樣我才知道自己要去誰家住，而且你還要幫我出火車票。」

透過這樣的交流和合作，活到八十三歲的艾迪胥，一生發表論文高達一千五百二十五篇，是全世界發表最多數學論文的人。

二十三歲的唐鳳決定用這樣的方式環遊世界。他先跑去日本找小飼彈（Dan Kogai，Livedoor 前任ＣＴＯ）跟他學怎麼寫 Unicode（程式語言），「然後等到他終於受不了時，就跟我說奧地利有人專門寫 Parrot（程式語言），你不如去他家住吧！」

唐鳳說，所以他下一站就去了奧地利，之後是愛沙尼亞以及更多城市。

在二〇〇五年底，也就是在這兩年壯遊的中途，唐鳳做了一個生命中最重要的決定：決定跨性別而且昭告世人。

從此之後，他成了她。

不過，這樣的轉換完全沒有影響她推廣 Perl 6 的壯遊，據馬瑟克觀察，宣告跨性別之後，唐鳳在社群的生產力甚至更高了，她為社群貢獻出更多作品。

唐鳳就這樣到處跑，在近兩年內舉辦了十四場黑客松，每個黑客松可能二十人到一百人不等。

她也應邀到 Intel、Amazon 演講，如此又認識更多程式界高手，這些見聞大大開展她的視野，也讓她多元地與全球各種的程式社群產生連結。

這場 Perl 6 壯遊之後，後來唐鳳結合 Haskell 與社群一起努力做出的 Perl 6 叫做 Pugs。此後程式界只要提到 Perl 6，沒有人不知道唐鳳。

Pugs 是 Perl 6 的突破點。後來社群有人繼續接棒完成更多實作的版本，那就是後來的 Raku。

二〇〇六年底，她的探險之旅暫告一段落。唐鳳回顧說：「二〇〇六年結束時，我存款也花完了，因為各地飛來飛去的機票也是很貴的，所以我就回台灣上班。」

這時候的唐鳳，直接加入先前她當顧問的耀宏科技，因為耀宏這兩年靠著先前唐鳳用 Haskell 寫的系統，稱霸市場。這個系統不只可以處理困難的中文字，也可以處理即時的報表產生、報表截取、索引管理、發送和印帳單等，所以，新接的案子一個接一個，最後一路談到中央銀行。

直到二〇〇八年時，她出現工作倦怠。「可能因為金融海嘯的關係，我突然經歷了中年危機的感受，雖然生意非常好、很順、賺了不少錢，可是感覺上就是把這個資本金融結構這台機器上油潤滑、讓它跑得很順，成本稍微降低一點、讓它運轉更順暢。」唐鳳說。

生意很好，賺錢不是問題，但是唐鳳卻看到，許多企業組織內部的決策模式一直都沒有改變，權力和資源總是由上而下運行，企業內部缺乏創新的能量，以及多元的溝通。

她後來決定從耀宏離開。那一天她在網誌上發了一篇宣言說：「我現在想要在家上班，不想出門跑業務了。再這樣下去，我打高爾夫球的時間要比寫程式多了。」

天才的遠距工作

結果，一天內就有兩家企業提供工作機會，分別是 Socialtext 跟 Facebook，兩家提出的想法很類似，就是想要把這些開源碼社群的工具，放在一般人的生活或工作中使用。

不同之處，是 Socialtext 要大家在上班的時候使用，想取代一般公司內部的流程結構。Facebook 則是要大家在下班的時候使用，因為它想取代媒體的角色。

「我考慮一整天之後就決定說，好，我要加入 Socialtext，我對改變大家的上班時間比較有興趣。」唐鳳說。

她再補充：「所以在 Socialtext，我們就是把民間出現的開源碼新服務，直接變成企業裡面可以用的服務。」

Socialtext 又被稱為企業界的 Facebook，在二〇〇二年創立，二〇〇七年改組，總部位於美國加州矽谷的帕羅奧圖市（Palo Alto）。它提供的軟體和服務，讓員工可以在企業內部建立群組、部落格（internal blog）、維基空間（wiki workspaces），並且可以同時在桌機及手機環境使用。利用這種新的網路媒體形式，可以讓企業內部幾萬人同時說話，也可以聽幾萬人同時說話，只要善用這種技術，就可以在企業內部埋下創新的種子。

例如，牛津大學出版社的員工有五萬人，如果今天公司決定要有一個新的阿拉伯文出版品計畫，只要在內部媒體用#（hashtag）標明關鍵字，並且採用網路共筆收集意見，這樣很快就可以醞釀新的產品概念。「這種由公司內部啟動的媒體，可以改變公司文化，讓動態編組變得更容易。這樣的開放式創新，不只能優化工作，而且能重新定義工作。」唐鳳說。

唐鳳在二〇〇八年八月應邀加入 Socialtext，成為核心團隊成員，也是合夥人，但是由於這個公司有強大的遠距工作環境，唐鳳可以留在台灣上班。在這裡，她看到了她夢想中的職場環境，是一個平等、開放、專業、效率兼具的工作實境。

這個公司只有少數員工在總部上班，其他的工作者遍布全球。也因為這樣，這個公司發展出精確的遠距工作法則，該公司技術主管修瑟（Matt Heusser）曾經寫了一篇文章，提到在 Socialtext 神奇的工作節奏：

1. 美西時間的早上十點到下午兩點，是全球員工共同工作的時段，也就是可供開會溝通的時間。
2. 專案開發週期設定為兩週一次。並且每週有三次，在下午一點舉行立會（站著開的會議）。
3. 在立會裡輪流報告三部分的訊息：我昨天做了些什麼、我今天打算做什麼，以及目前遇到的阻礙。

另外，因為軟體開發環環相扣，一旦有人卡關，可能就會影響一群人的進度。所以，在經過討論，並獲得大家同意後，在線上聊天室裡提到某人的名字時，會讓他的電腦發出提示音，打擾一下，以便及時討論，解決問題。

搭配遠距工作所需，還有各種方便溝通的圖形介面工具，每次開會前，大家在各自的頁面上提前記錄內容，再由系統自動集中到共筆頁面上。開會時就展示自己提前寫好的內容，經過這樣周密的規劃和及時支援，後來，每一次的立會竟然八至十二分鐘就可以結束。

從二〇〇七年到二〇一〇年，這個團隊經歷五十二次為期兩週的開發專案，竟然只有四次延誤，其中還有兩次是因為聖誕節和新年放假。

唐鳳在 Socialtext 那幾年，幾乎重現了當時在 Perl 6 頻道的氛圍，當時她參與共筆試算表 SocialCalc 的專案，同事分布在全球，跨越九個時區，其實是難度很高的協作。

但是，經過精心安排後，這個團隊會在一天二十四小時內，完成一次「設計草圖、代碼，以及測試設計、開發、品管」反饋循環，像接力一樣，每個環節用到某個人的八小時。唐鳳說，這種接力式的溝通，仰賴完整的共筆紀錄，保留大家的設計草圖、代碼，以及測試結果。「Socialtext 雖然很少面對面交流，但這些文化特質幫我們培養相互之間的信任和情誼，並將爭議降到最低，讓 SocialCalc 的開發成為一件樂事。」

這是唐鳳熟悉的社群氛圍，只是這一次，這個社群真正成為她的夢幻職場。

曾經有人研究過，怎麼樣的職場才能夠留住天才？結論是，要讓這些天才每天都能有點新挑戰，能夠有一個可以進行善意討論的團體，能夠設計自己的工作環境，以及，在目前的領域熟悉之後，能邁向新的工作領域，展開新的學習。

一般人以為企業會渴求招募天才加入工作團隊，事實上正好相反。有許多經理人認為，團隊裡的天才不好管理。有的主管認為：「他們不合群，只會製造麻煩。」有的主管更明白地說：「我寧可雇用一打穩定的平凡人，也不要一個不穩定的天才。」

從上面的結論來看，顯然 Socialtext 十分努力打造了一個能夠讓天才一起工作的地方，到二〇一二年，這個公司因為前景看好，賣給聚焦企業內部人才及知識管理的公司 PeopleFluent，四年內，唐鳳實踐了矽谷創業者的最後一哩路，成功賣出公司。

在矽谷，把公司賣掉的創業家，下一步就是去當天使投資人，搜尋新創企業做為投資目標，並且期待短期內能獲利了結。但是，這樣的過程，唐鳳覺得自己能學習的已經不多了，也就是說，「在傳統資本主義系統裡面，我能夠探索的空間很有限，感覺走到頂了。」

現在是獻身公共利益的時機

賣掉公司後，唐鳳接了三個顧問，分別在 Socialtext、蘋果（Apple）和牛津大學出版社，一週工作十幾個小時，很輕鬆，一個月收入也有兩萬美元。既然自已已經退休，生活無虞，「現在應該是投入公益事務的時候，我願意把往後的時間貢獻出來。」她這麼想。

只是，到底要做什麼好呢？

不只一次，有人問到唐鳳最喜歡的書是什麼，她的答案是喬伊斯（James Joyce）的《芬尼根守靈》（*Finnegans Wake*），以及各種語言的字典。為什麼喜歡字典呢？「因為透過字典可以了解一種文化。」唐鳳說。

語言與電腦交會之處，的確是她的最愛。她在蘋果擔任顧問時，唐鳳發現她所在的那個 Siri 團隊，常常雇用詩人，而且要求有幾年詩學的創作經驗。

「因為詩是最精簡的語言，Siri 必須在短短的日常對話中，辨識主人的情緒，做出合宜的回應，甚至以幽默方式做情緒轉換，要把這些人生智慧轉變成人工智慧，並不容易。」唐鳳說。

她接觸的 Siri 計劃也跟語言有關，剛開始是要讓 Siri 講中文，後來是要讓 Siri 講上海話。她在牛津大學出版社則是做五南版的《國語活用辭典》的數位化，「後來在 Mac 和 iPhone 上面用的，都是我做的版本。」

她想到，從小時候自學到現在，她受惠於網路上眾人免費提供的海量素材，而那些素材，例如古騰堡計劃，當年也是有心人花費時間，逐步打字鍵入，完全讓人免費使用。如果，她也能把漢語字典數位化，並且免費開放出來，一定可以造福許多人。

後來，這個計劃就是二〇一三年開始進行的《萌典》。

《萌典》由 Google 台灣雲端運算計劃主持人葉平和唐鳳等人一起發起後，再由唐鳳在 g0v 社群中負責維護。這一群人打算把台灣最多人使用的教育部漢語字典數位化。這個計劃後來召聚了社群中的五百多人，幫忙增補資料和糾錯。

這些網友，合力找出原來紙本字典中六千多處有錯誤或不合時宜的地方，進行修訂。這也讓提供資料的教育部發現一件重要的事：把政府的文獻資料開放出來給大眾使用，不只是單方面地造福大眾，而且也能藉由公眾來維護資料，保持資料正確。

這部數位化漢語詞典，除了收錄了十六萬筆的漢語條目之外，歷經兩年時間，集合眾人之力，最後還收錄了閩南語、客家語，並且提供了漢語與英語、法語以及德語的對照。

「萌典」與阿美語

萌典讓唐鳳印象最深刻的事，是連台灣原住民阿美族的朋友，都想方設法在其中增加了阿美族語的辭條。

萌典的程式架構，原來是為了漢字設計，並沒有把拼音語言設計進去，但是阿美語的朋友覺得，難得有機會能做出阿美族字典，所以就做了群眾外包。唐鳳說：「他們把不同來源的阿美語字典進行數位化，在五十三個小時內完成八萬多個辭條，這真是很令人感動的事。」

對原住民來說，沒有語言，文化也將蕩然無存。透過阿美族版萌典，他們珍貴的文化記憶也將藉此傳承。

從十四歲加入各種社群至今，唐鳳在這所人生學校中，完成專業的挑戰，實踐人生的目標，也交到一輩子的好朋友。那時的某些友誼，以不可思議的緣分延續至今。

二〇一六年一月二十日，以《死侍》紅遍全球的男明星萊恩・雷諾斯（Ryan Rodney Reynolds）來台灣宣傳新片。奇怪的是，當天在他的 Twitter 上出現的訊息竟是：「Taiwan！我來應徵閃靈樂團的主唱了！」

原來，三天前的一月十七日，在台灣的大選中，選出最新一屆立法委員，其中有一位，是台灣的重金屬搖滾閃靈樂團的主唱 Freddy。當選立委，是不是表示他無法再擔任主唱呢？這時，搞笑的萊恩・雷諾斯，決定趁虛而入，假裝要取代 Freddy。這個話題，當天引起媒體熱烈回應。

這些年，閃靈成為世界知名的樂團。他們融合重金屬及傳統樂器的曲風，在國際上獨樹一格，獲得注目。Freddy 也曾經獲得英國搖滾雜誌《Terrorizer》的讀者，票選為全球最佳主唱第三名。

而 Freddy 不但是搖滾明星，也一直關注國際政治議題。他聲援西藏達賴喇嘛，也曾經擔任國際特赦組織台灣分會理事長。

同樣在二〇一六年，唐鳳進入台灣內閣擔任數位政委。Freddy 說：「在藝立協時代，我們曾經討論過開放政府的可能，沒想到，這樣的狂想竟然在二十年後實現！」

Freddy 本來留著一頭跟唐鳳一樣的長髮，二〇二〇年連任立委後，才剪成帥氣的短髮。他仍然沒有學會 Perl，但他學會了當一個敬業的立委。在過去四年的八個會期中，有五次被公民國會監督團體票選為優秀立委。

如今，在台灣政府的「開放政府工作小組」裡面，唐鳳是行政院的代表，而 Freddy 是立法院的代表。年輕時的友誼，如今延續成戰友般一起奮鬥的熱情。

如果，黑客跟搖滾歌手都能進入政府工作，顯然，公務員的面貌也不只有一種吧！

對於昔日戰友唐鳳成為國家的數位政委，高嘉良覺得如何？在唐鳳加入後，政府的效率是否有翻天覆地的變化？

對於這個問題，高嘉良開玩笑回應：「翻天覆地？不要再神話她了（笑）。不過，政府的運作確實有比之前更順暢了。台灣政府的體制跟效率本來就不錯，弱點在於橫向聯繫，以及跨部會的溝通。現在唐鳳建立了新的機制，除了讓政府運作更順暢外，跟外部連結也變得更順暢了。AU（朋友們對唐鳳的暱稱）的風格是『願者上鉤』。雖然她是數位領域的專家，人們對她有更多期待，但是，她不會因為別人的期待改變自己的風格。」

的確，檢視唐鳳至今的人生，她一直忠於自己，做著自己想做的改變，但她從不會強行要求別人改變。她認為，除非每個人真心想要改變，否則這樣改變無法生根，也不能持久。這是她一直以來的信念，至今也依然堅持著。

Chapter 5

跨越性別的人

我做我想做的事，不需要考慮這些事是男性化還是女性化。

性別不是是非題，是填空題。
唐鳳的性別就是唐鳳。

——唐鳳&台灣網友名言

與非二元性別相遇

前陣子，臉書上流行一個小測驗：「你的體內有多少男性／女性？」結果，有一個爸爸，家裡有兩個小孩，測出來自己是「百分百女性」。另外有一位媽媽測出來，自己卻是「百分百男性」，臉書底下朋友們留言一陣談笑後，這個話題就淹沒在其他成千上萬的貼文中，消逝無蹤。

但是對某些人來說，性別這件事，卻曾經是生命中的黑洞。

在一次「驕傲之月」（pride month，慶祝及支持多元性別的全球活動）的線上對談中，知名作家哈拉瑞（Yuval Noah Harari，著有全球銷量超過八百萬冊的《人類大歷史》）與唐鳳坦誠相對，兩人分享了青少年時代曾有的迷惘。

哈拉瑞提到，二十一歲出櫃、承認自己是男同志的他，其實在十五歲時，就意識到自己喜歡男生而非女生，但他一直搞不清楚這是怎麼一回事。後來他回顧這段歷程，不禁感嘆，一向自認聰明的他，竟然對自己了解這麼少。

唐鳳的歷程也有曲折。雖然出生時是男性，但她說：「大約十三、十四歲的時候。我雖然過著男性的青春期，但是又不是那麼男性，後來才知道，原來在生理上，我的睪固酮素是特別低的那一種。」

唐鳳回顧自己的青少年時期，很慶幸網路在她青少年時開始普及，「那時，我在網路上認識一些非二元性別（不是典型男性或女性）的人，他們告訴我，這個世界上，也有人情況跟我一樣。以機率來說，大概是百分之一，甚至千分之一，但即使如此，換算到全世界，那也是好幾百萬的人。」

跨性別詩人莫克貝（Lee Mokobe）曾經在ＴＥＤ演講中朗誦自己的詩作：「我在解剖學中是個謎，是個被提出卻無解的問題。……沒有人認為我們也是人，因為比起血肉之軀，我們更像是鬼魂。」

短短幾句話，道盡他們一言難盡的人生。

在青少年時，唐鳳讀過心理學大師榮格（Carl Gustav Jung）的自傳，榮格主張人在潛意識中具有雙性的傾向。青少年時期的她，曾經親手撰寫且編輯一本個人刊物《姤思》，裡面收錄了《榮格自傳》的書評，也有散文、小說和新詩，反映出她當時閱讀、思考及創作的能量。

「姤」是《易經》的卦名，是六十四卦之一，表示柔、剛相遇的意思。有人解讀，這意味著當初的少年唐鳳，就已經對外宣告自己的陰柔氣質。

但她也說過，其實是因為當初她有一個寫詩的筆名叫做「天風」，而《易經》裡有一卦叫做「天風姤」，姤的意思是「后以施命誥四方」，表示「有一個新的想法出來時，不只是我去完成，而是所有人一起完成」。

「眾人之事，眾人助之，這是我從小到大一直在做的事。」唐鳳如此認為。即使在青少年就知道自己的狀態，但是，她知道，她所處的社會還沒準備好面對這件事，之後的歲月，她在等待一個合適的時機點。

後來的事，大家都知道了。《姤思》出刊十年後，唐鳳決定跨越性別。她服用雌激素，但是沒有動變性手術。二十四歲時，她經歷了第二次的青春期，這次是以女性的身分，她也把自己的中文名字由唐宗漢改成唐鳳，英文名字則由Autrijus 改成 Audrey。那是二〇〇五年底的事。

她在做出這個決定之前，曾經徵詢家人、朋友的意見，很幸運地得到愛與支持。她的父母說：「如果這樣能夠讓你的人生更幸福，我們一定支持！」

從那之後，她從不避諱談自己的跨性別身分。

在「驕傲之月」的活動中，她回應媒體《女人迷》（*Womany*）如何解讀驕傲（pride）這個字時說：「我自己生命經驗裡，跟別人不一樣的地方，我把它看成是一塊社會的拼圖，以此對社會有所貢獻。因為許多人無法從自己的生命經驗中去看到那一面，所以我把自己的經驗分享出來，我幫助這個社會看到它，幫助它變完整。」

「自己的生命經驗裡面，跟社會期待有落差的部分，我知道這不是社會的問題，也不是我的問題。透過分享……大家可以看到，原來有這麼多角度組成這個社會，自然就不會出現單一的價值觀，也不會為了求取所謂的進步，去犧牲其他的價值。」唐鳳說，這是她一直以來，不斷發聲的初衷。

想做的事跟性別無關

從那時到現在，她一直以跨性別的身分生活著，即使在二〇一六年進入台灣內閣，在人事資料上填寫性別時，她寫的也是「無」。

「我做我想做的事情，不需要考慮這些事是男性化還是女性化。」她也說，自己以往不同的生命經歷，讓她更能同理弱勢的那一方。

法新社（AFP）曾經說唐鳳是「讓性別認同成為資產的跨性別部長」，認為她不只替同志權益發聲，也從跨性別政治人物的角度看民主治理，讓民主能夠從二元政黨對立，進化到多元觀點發聲。

二〇一九年五月十七日，台灣同性婚姻專法表決通過的那一刻，立法院場外有四萬名支持平權的群眾響起震天歡呼，台灣成為亞洲第一個同性婚姻法制化的國家。

在這之前，台灣其實走了很長的路，才終於能夠慢慢凝聚這樣的社會共識。不論是像男孩的女孩，或是像女孩的男孩，在一個主張性別二元論的社會裡，都被看成罪人。在台灣，一個十五歲少年葉永鋕之死，控訴了偏見如何可以殺人。

不敢去廁所的「玫瑰少年」

二〇〇〇年四月二十日上午，就讀國三的葉永鋕，被發現倒在學校的廁所裡，口鼻都是血，送醫後隔天不治。

警察進一步調查時，發現葉永鋕因為氣質陰柔，長期在班上遭受同學霸凌。葉永鋕的母親陳君汝說，從小葉永鋕就很溫柔，不只愛笑愛唱歌，也喜歡編織、烹飪。但是，也因為如此，上了國中以後，他常常被嘲笑「很娘」。

有好幾次，他在上廁所時被男同學逮住，要強行脫下他的褲子「驗明正身」。本來只是同學一時興起的胡鬧，後來，卻變成長期的霸凌，以致後來葉永鋕不敢在下課時間去上廁所，只好想辦法提早幾分鐘下課，先去上廁所，或是借用教職員廁所。

那時，全校老師都知道有一個學生不敢去上廁所，只有媽媽不知道，因為媽媽曾經告訴孩子在學校要堅強，所以，葉永鋕後來不跟媽媽談學校的事。

慢慢的，霸凌延伸到學校生活的其他面向，開始有同學要求葉永鋕幫忙寫功課。葉永鋕很憤怒，但是又不敢不寫。媽媽曾經在房間發現一團葉永鋕揉掉的週記，上面寫著：「老師你難道瞎了眼嗎？兩份作業一樣的筆跡，都沒有看出來？」

在去世前一個月，葉永鋕也曾經留紙條給媽媽說：「我不想上學，學校有人要打我！」媽媽立刻打電話給學校，學校卻沒有理會。

這一天，在他最喜歡的音樂課下課前五分鐘，葉永鋕舉手跟老師說要去上廁所，卻再也沒有回來了。

雖然最後調查結果，葉永鋕是因為上完廁所急著返回教室，不小心在積水的廁所裡滑倒而重傷不治。但是，如果真要追究，那個非得讓他這個時間才敢去上廁所的原因，才是真正的元兇。

從那之後，台灣各界開始反省，究竟應該如何讓校園成為一個能夠公平對待不同性別氣質孩子的地方？

葉永鋕的媽媽本來是在屏東務農的農婦，孩子的死讓她悲憤不已，她說：「我救不了我的孩子，我要救別人的孩子！」她參加過幾次支持同志的大遊行，鼓勵像葉永鋕這樣的孩子「要做自己，不要怕」、「要向著陽光去爭取我們的權利」。

二〇〇七年，教育部把葉永鋕的故事拍攝成紀錄片《玫瑰少年》，變成全國學校的教育素材。二〇一九年，流行歌曲天后蔡依林（Jolin），為了葉永鋕而唱的歌曲〈玫瑰少年〉，得到當年台灣的年度歌曲大獎。

在上台領獎的時候，這位長期支持兩性平權的歌手，以顫抖激動的聲音說：「葉永鋕的故事提醒我，在某些時刻，我也可能成為少數。這首歌獻給他，也獻給曾經認為自己完全沒有機會的你。」

結婚不結姻

儘管高懸的理想十分動人，但是，究竟如何能將兩性平權的精神落實在法理之中？

兩性平權，不只包括去除性別二元論。在職場上，也包括兩性工作機會平等、升遷機會平等、薪資平等。一個長久以來的現象是，愈到高階主管，女性愈少。女性受限於社會的期待，常常必須負擔更多的家務與照顧家人的責任，因此影響了晉升的機會。

所以，在職場相關的政策中，制定「性別影響評估」（Gender Impact Assessment，簡稱ＧＩＡ）很重要，這樣可以檢視因為性別不同而帶來的職場不平等，以這個評估所產生的數據做為決策的基礎，就能知道職場環境是否有正向的改變。

「解放性別，是拆解性別不平等的契機。如果大家對於性別不再有刻板印象，那麼，持家這件事，就不會綁定在特定的性別，家務就會變成大家分享的責任。」唐鳳說。

就像是回應這些年的民情，二〇一七年五月，台灣的司法院宣布，目前的《民法》沒有保障同性二人的婚姻自由及平等權，已屬違憲，並且要求立法機關在兩年內完成相關法律的修正或制定，以保障同性婚姻的權利。

在台灣，「婚姻」這兩個字如果細細追究，結「婚」是兩個人的事，結「姻」卻是兩個家族的事，「姻親」這樣的法理上的親戚關係，確實是因為結姻而來的。

過去，台灣很多長輩覺得婚姻的「姻」才是重點，結婚代表雙方的家族結成親家，所以必須有結婚的儀式，公開宴客，才算是完成終身大事。而法律也規定結婚必須要有公開儀式，而且有二人以上證人見證，才算完成法定結婚形式。

甚至，即使雙方已經到戶政事務所登記為配偶，只要沒有公開儀式，婚姻仍然不合法。

直到二〇〇八年，台灣法律才從儀式婚（宴客昭告親朋好友）改成登記婚（二人登記）。登記婚生效之後，結婚再次可以單純到變成二人的事。

「在同性婚姻法通過前，在公民政策網路參與平台上的提案，贊成和反對同婚的意見都超過五千人，所以，我們就協調政府各部門能夠對雙邊提案人進行溝通。因此，後來在修訂同婚專法的過程中，法律專家們發展出『結婚不結姻』的做法，把法條超連結到『婚』的部分，而沒有連結到『姻』的部分。所以姻親的部分，沒有被干擾到，但結婚的部分都管用。這樣的同婚法上路，是很棒的社會創新。」

唐鳳以一個觀察者的角度，看到法律如何能為支持婚姻平權找到出路，慶幸最終台灣能夠走完修法的最後一哩路。她在這件事上雖然沒有帶領任何運動，卻讓網路上的反對派與贊成派的論點被拿出來討論，讓爭執化為實際的溝通。

每個人的預設就是自己

跨性別科學家珊芭瑪（Karissa Sanbonmatsu）有一次在演講中分享，許多人都以為所有女性一律是以XX的性染色體呈現，但是，現在的科學已經證明，女性不是只有XX染色體，也有的女性是X、XY或XXX的混合型態。就像人的眼珠有各種顏色，性別也如同光譜一樣多元。

珊芭瑪提到她剛轉換性別時的處境：「我知道我內在是位女性，外在會穿著女性的服飾，但大家看到的，都是一位穿著女裝的男人。我覺得，不論我做多少嘗試，都不會有人把我當成女性來看待。在科學界，可信度凌駕一切，而大家會在走廊上竊笑，盯著我看，做出嫌惡的表情，害怕靠近我。」

「我記得我變性之後的第一場大型演講。地點在義大利。我之前做過不少頗具盛譽的演講，但這次，我害怕極了。我看向觀眾，開始有人耳語，還有人盯著看，有假笑、有竊笑。至今，我仍因八年前的這段經驗而患有社交恐懼症。我失去了希望。」珊芭瑪談到這段讓她恐懼的往事，聲音顫抖，表情悲戚，「我們當中有四成的人嘗試過自殺。」

同樣經歷跨性別的唐鳳，也許比珊芭瑪幸運，「我母親本身的行為就很跨性別，她從小被當成男孩子帶大。從性別研究學者朱迪斯・巴特勒（Judith Butler）身上，就可以看出我母親的影子。在她身上並沒有任何的性別刻板印象。聽說我的祖父也是這個樣子。在我的家庭裡，這並沒有被當成什麼特別的事情看待。」

對唐鳳來說，跨性別表示她同時理解男性與女性的世界，性別如同一種展演（performance，巴特勒提出的理論），「每個人預設其實就是他自己，而不是特定的性別。他今天想展現出什麼性別，性別氣質是外加在自己身上的，就像服裝。」

說到服裝，唐鳳喜好素色的中性風格，衣櫃裡通常是黑、白、灰，平常上班日都穿一樣的衣服，每天清洗。她常穿三宅一生，因為，這種「不強調性別美學，而強調織品美學」的風格，符合她的哲學。

許多跨性別者因為討厭社會看待自己的眼光，最後也開始討厭自己的身體。唐鳳被問到穿搭守則的時候，她說：「我相信身體是愉悅的、自然的，所以，不會透過穿搭來藏拙。我的頭就是很大，身高就是一八〇公分，衣服是用來襯托你的身體，而不是否定你的身體。」

二〇一四年起，臉書的性別欄，不再只有「男性」、「女性」選項，至今至少新增跨性別族群的五十六種性別認同選項，包括了無性向（asexual）、雙性（androgynous）、跨性別者（transgender）、非二元性別（genderqueer）等多種選擇，也開放自由填答。

二〇二〇年七月，荷蘭宣布將仿照德國做法，在往後取消身分證的性別欄。教育文化部長范．恩格秀文（Ingrid van Engelshoven）說：「從此之後，性別並非必要資訊，民眾將能因此創造自我認同，並過著完全自由與安全的生活。」

不以性別，而是以一個人的特質來認識他，這樣的時代，也許已經來臨。

Chapter 6

民主社會的公民黑客

公民黑客沒有紀律，卻極有效率。

如果我們相信開放透明的力量，
就要握著它戰勝黑暗。

——楊孝先（網路中立性立法發起人）

從網路認識民主制度

一九九六年，台灣實施首次總統民主直選，李登輝以高票擊敗各家對手，成為首任民主直選總統。在此之前，國民黨政府從一九四九年起發布長達三十八年的戒嚴令，直到一九八七年解除戒嚴令後，台灣在不到十年即走向民主直選，進展速度確實讓人驚訝。

現今的網際網路，大約是在一九八〇年開始發展，一九九〇年代後，開始慢慢進入台灣，總統直選的時候，正好是台灣網路的發展期，台灣的第一次民主直選與網路發展，就在差不多的時候相會了。

唐鳳從一九九三、一九九四年開始接觸到網際網路後，便對網路的高度透明深深著迷，一九九五年離開國中後，唐鳳開始投入網路創業，並在過程中，實際了解網際網路魅力。例如，為何全世界的朋友都願意連線上去？並不是因為網路有任何強制的力量，因為網際網路是沒有軍隊的，也沒有任何方法強迫現有的電信商一定要去連結網際網路。

唐鳳在網路社群的互動中，了解尊重言論與發言權的重要性。「網路的做法正是透過像現在這種的極端透明，任何人只要有個 E-mail，覺得我會被某個網際網路的政策或協定所影響，那人就可以說，因為我受影響，所以我一定有發言權。這樣的方式就叫做網路治理，這是我最熟悉的一套政治系統。」

因此在了解民主運動前，唐鳳更早是先了解網路的民主程序，知道每個人都應該有公平與透明的發言權。唐鳳回憶，她在十四、五歲就開始參與這樣的政治系統。

正因為在小時候就以幾近透明的廣泛參與下，不斷的去跟他人達成共識，這是唐鳳青少年時期成型的基礎民主制度，甚至對她來說，從十五到二十歲，她只了解這種民主制度。唐鳳在參與網路治理五年後，二十歲才開始有公民投票權，因此對唐鳳而言，代議民主是一個比較原始的系統。

當然，唐鳳並不是就此完全否定傳統的代議政治制度，相反的，她仍認為代議政治有其必要性，但她也認為，科技的進步可以輔助民主持續成長。她舉過去的歷史來說，以前的民主大概都是代議制度的民主，只有在人數很少的範圍裡才有直接民主，因為以前在技術上，是比較困難的。

她舉例，比如像是在雅典的衛城，講話再大聲，就是那麼多人聽到。在電視或是廣播發明之後，一個政治家可以對上百萬人講話，但是還是沒有辦法聆聽上百萬人的聲音，上百萬人也沒有辦法彼此聆聽。

而現今透過發達的網路技術，就能在網路的透明性、公平性與自主性下，更能對事物的本質進行討論，加速彼此理解。

一旦理解到網路的透明與公平自主，自然很容易透過這樣的方式促進現代公民勇於提案，甚至改變社會脈動。一個專門代表社會伸張正義、促進網路公開透明的角色應運而生，那就是Hacktivist（黑客運動者）。

要談到公民黑客，也就不得不提到美國的著名黑客運動者亞倫・斯沃茨（Aaron Swartz），他也是唐鳳相當敬重的程式設計師。出生於一九八六年的斯沃茨，從小就天資聰穎，沉浸於電腦程式設計，也跟唐鳳一樣早早離開正規校園，致力於透過網路技術引領公民活動。

斯沃茨曾在二〇〇八年創辦 watchdog.net，透過梳理政治人物資料，並進行視覺化呈現，讓當時的政治不再是高深莫測的權術運動，而是人人可以參與並發言的平台。

二〇一〇年，他更創辦 Demand Progress，這是一個在網路上討論人權、政治改革等的群組，要求政府必須對問題保持聯絡暢通，切實採取行動。這個組織也致力反對禁止網路盜版法案等，在美國名噪一時。斯沃茨參與的開發專案眾多，目的都是希望社會更健全美好。

倡導資訊透明公開的斯沃茨，在二〇一一年因為涉嫌違反麻州法律，透過訪客帳戶下載大量需要付費的學術期刊論文而被起訴，一度面臨長達五十年的刑期與巨額罰款。

在二〇一二年九月時，控方表示，只要斯沃茨承認十三項違反聯邦法的罪名，將會徵求斯沃茨只需服刑六個月，被斯沃茨與其律師拒絕。四個月後，斯沃茨選擇輕生，結束短短二十六歲的生命。

斯沃茨一生不以網路技術謀利，而是盡心創造一個公平的網路世界。透過將情報徹底公開，讓更多人參與政治、關心社會、促進人權，以及帶動公民意識。

唐鳳認為，擁有創造性運用資訊的技術、同時又非常關心社會的人，就具備黑客運動者的本質。在斯沃茨輕生後，愈來愈多人認同他的理念，成為黑客運動者，要求政府應該有義務「給予透明且公開的資訊」。

這樣的風氣也影響到台灣，並在二〇一二年的時候正式產生化學效應。

g0v 零時政府的誕生

二〇一二年的總統大選，當時國民黨籍的總統馬英九以六百八十九萬票擊敗六百零九萬票民進黨籍的候選人蔡英文，取得連任。

國民黨也同時在立法院取得六十四席（總數一百一十三席），雙雙以過半優勢贏得執政優勢。當時主張「九二共識」、與中國政府交往的國民黨，從二〇〇八年起，陸續開放通航、中國大陸學生來台就讀大學等，中國官方也陸續開放觀光客來台，兩岸交流進入蜜月期。

然而，當時台灣要提振內部經濟，不只靠中國大陸觀光客與投資，政府還必須推出一連串政策，來跟國民說明如何提振經濟。

於是，行政院在二〇一二年十月中，推出一個名為「經濟動能推升方案」約四十一秒的廣告，想不到這則廣告意外挑起許多人的怒火。

該廣告前面出現四位各行各業的人，有農業人士，也有勞動者跟商務人士，每個人都擺出疑惑的表情，廣告字幕出現「經濟動能推升方案是什麼？」

隨後，廣告台詞再出現「我們很想用幾句簡單的話，讓大家能了解」，卻在下一句時突然轉折表示，幾句簡單的話，實在是無法說明政府這麼多的政策，並表示，經濟發展需要很完整的規劃，經濟才能夠動起來。廣告的最後以「很多事情正在加速中，說破嘴，不如跑斷腿，拚經濟，做！就對了」做結，草草結束。

簡而言之，這則廣告其實沒有說明任何經濟政策，而是拿出過去政府高高在上的驕傲，認為政策不是一般老百姓可以理解的，反正政府都在努力中，人民只要知道政府有在「認真做」就好。

廣告中的四個人物，或許可簡單理解為傳統的「士農工商」四大分類。這樣先入為主地認為「人民就是不懂經濟政策，只需看政府怎麼做即可」的態度，立刻在網路上招來極大憤怒。以此為契機，一個名為 g0v「零時政府」的組織在該廣告發布不久後，隨即成立。

致力於公開政府資訊與圖像視覺化各項法案的 g0v，是後來推動公民參與政治主要的推手，它的發起者之一，正是唐鳳的摯友高嘉良。

高嘉良坦言，發起 g0v 的初衷，就是被那則行政院廣告激怒，他回憶：「它就是說政府事情非常非常複雜，尤其是關於經濟的，一般人民是不用知道這些細節的，要相信政府，我們很忙的，但是你們就是讓我們做就對了，不要在身邊一直囉唆。」後來，這則廣告在 YouTube 上不斷遭人檢舉為「詐騙」。

高嘉良與一些朋友認為，與其批評政府隱瞞，不如正向改變，去督促政府，他說：「我們可以跟政府說，我們不是白癡，我們可以了解資訊，我們可以救你，但不要把我們人民排除在這個政策制定過程之外。」

因此 g0v 剛開始的雛形，是幫助當時的馬英九政府將預算視覺化，並且整理成可供閱讀的資料。這個團體發現，其實許多台灣人是關心國家公共事務的，只要整理成有效易讀的資訊，台灣人都願意來理解。

隨後，g0v 這樣的行動開始吸引愈來愈多的資訊人才投入，讓更多政府過去不為人知的政策或方案，開始變成親切、可被人民所簡單吸收的模式。

高嘉良認為，各級政府機關的網址都是 gov，如果把「o」換成「0」，它會給人與眾不同的親切感。這是個「先進測試版」的政府網站，提供更透明、更直接、政府先前已經公開上網的資訊，直接讓網友去了解政府正在做什麼。在這裡，那些已經被政府公開的情報，變成可以容易理解的圖表，讓人一目了然。「0」同時也代表從零去思考政府怎麼做。在數位資訊爆炸的時代，人與人之間有新的互動模式，人民與政府也應該要有新的互動模式。

在高嘉良眼中，g0v 不是一個單一組織，而是有很多中心的社群，每個人在裡面都可以發起自己的專案，每個專案都可以吸引不同的人參與。根據二〇一七年的資訊，g0v 內含各行各業的高手，三十五%是開發者、三十%是設計師、二十%是政府與非政府人士，剩下的十五%是程式設計師。

g0v 有個很重要的活動，就是每兩個月一次的黑客松，每次線下都會吸引約一百多人，而線上同時有兩千五百人在聊天室內不斷腦力激盪與即時反應。

沒有紀律，卻極端有效率

世界各地也有許多類似 g0v 般「開放政府」的概念，而 g0v 目前已經成長到全世界前三大黑客社群。g0v 也有許多實驗性質的專案，在政府還沒有真正執行前，先做出示範的版本，如果到時政府覺得這個程式模板好用，就可以直接無償拿去用。

例如，政府的預算書動輒五百多頁，不是專業學者根本無法解讀，g0v 將其動態視覺化後，民眾可以簡單理解預算分布與歷年執行情況。這些程式 g0v 全都開放原始碼給各級政府使用，他們拿走原始碼後，可以做成屬於自己部會或政府的版本。每筆預算都有社群網路的留言功能，覺得有興趣的網友就會在上面提問，政府匯集提問後，必須提報給相關單位，相關單位則必須在一定期限內解釋。

過去的政府都是單向提供資訊，人民必須全盤接受，但 g0v 所提供的模式，讓民眾開始在網路上提供意見。g0v 內部沒有上下階級之分，每個人都是平等的參與者。發起人之一的瞿筱葳曾如此形容 g0v：「這個組織沒有紀律，卻極端有效率。」

在經過約兩年的運作後，太陽花學運成為 g0v 碰到最大的實戰場所。

太陽花學運發生的那一天

二〇一四年三月十八日，一個名為《海峽兩岸服務貿易協議》的服務貿易協定，在立法院一片混亂聲中強行通過，引發一百多位在院外抗議的學生與社運人士的強烈不滿，於是眾人在學生領袖林飛帆與陳為廷等人的率領下，翻進立法院圍牆，攻入議場，最後占領這個國家最高立法機構長達二十四天，成為世界知名的社會運動——太陽花運動。

回顧這個協議，源自於當時總統馬英九希望透過這項法案，讓中國大陸與台灣在服務業上全面深化交流。早在先前，台灣與中國大陸官方也簽了不少協議，並有不少次會談。看似相當正面的兩岸交流，卻逐漸引發民間的不安，認為政府在經濟上太過向中國大陸傾斜。一旦把「雞蛋都放在同一個籃子內」，早晚會讓台灣的經濟命脈被中國大陸把持。

因此，早在服務貿易協議尚在討論階段時，就已經有不少反對聲浪，認為協議內容完全對中方有利，如果強行推出，兩岸在經濟體制不對等下，許多產業會被中國大陸蠶食鯨吞，部分產業更涉及危害國家安全、民主自由等。

原先，朝野雙方在二〇一三年九月時，已經先達成協議要「逐條審查」，在抗議爆發前也召開約二十場的公聽會，不過在反對者看來，內容大多數是流於政令宣導，就算有人反映問題，雙方也沒有實質溝通，變成各說各話。

國民黨在完成公聽會後，自認已經跟民眾做好溝通，並陸續排定審查日期。到了三月十七日，國民黨與民進黨在議場內唇槍舌戰，擁有較多立委席次的國民黨，屢屢想在主席台上提案審議服務貿易協議，但是民進黨也出動人力不斷干擾，雙方發生激烈肢體衝突。

就在雙方爭執不休之際，當時的國民黨立委張慶忠卻趁亂奪走麥克風，在審議會場旁宣布，法案因為已過三個月，已經視為自動審查，送交國會存查，不過短短三十秒，自己火速宣告「成案」。法案在完全沒有逐條審查，也不公開透明內容的情形下通過。

原先，這在當天不過只是一條新聞，網路上許多人就算感到不滿，也只能表示失望。隔天，三月十八日，一群學生與社運人士聚集在立法院外，舉辦反服貿黑箱作業的抗議活動。

活動到了晚間，許多激動的學生已按捺不住情緒，想從立法院正門進去議場，但遭遇到強勢警力阻擋。有些學生靈機一動，發現立法院旁的側門警力較少，或許可以從那邊突襲。想不到這個方法奏效，許多學生與社運人士接二連三翻牆進去，警方也因為側門人力較少，無法有效阻擋。

不少學生拿著自備的梯子，除了正門之外，也開始往二樓爬，在警方支援尚未完全抵達前，大多數抗議學生已經成功翻進議場內，並宣布「全面占領主席台，重啟談判」。

太陽花學運是台灣近代史上首次透過社交媒體串聯，進而擴散到各階層的社會運動。不同於過去台灣抗議是靠傳單、演講號召的傳統「陸軍」作戰，這場運動從一開始，就是靠著資訊傳播「空戰」，學生抗議的畫面不斷透過電視與網路進入到每個人的眼中，進而連接起許多學生跟社會人士陸續到現場聲援，最後開始組織化並有效分工。

透明性的挑戰

當時台灣的手機通訊還在3G時代、社交網站的直播也不盛行，剛開始的資訊較為混亂，一度傳出警方已經進去國會逮捕抗議學生等錯誤消息，情報無法有效整合。

唐鳳跟g0v團隊在看到這樣的狀況後，有了基礎的想法，就是一定要保障每個人的「通訊權」，一旦通訊人權受到保障，謠言就不容易散播。因此「透明性」成為g0v團隊在這場抗議中要讓全世界看到的關鍵字——無論結果如何，至少讓所有人看到最真實的狀況。

然而，當時的網路直播技術還不普及，議場的抗議與衝突大多透過電視轉播呈現。不過電視台剪輯與製播都需要時間，縱使攝影師拿著4G背包（採用電信訊號傳輸影像，適合用於SNG車無法進入的區域或新聞搶快用）直播，仍只能看到部分實況，使得觀眾漸漸產生「資訊落差」。

g0v 成員看到那晚的情形，認為議場的真實狀況與外界所接收的訊息，已經開始有落差，因此自抗議的當天起，他們排好縝密的班表，陸續與抗議學生團體取得聯繫，帶著器材開始進入現場布置。

在學運發生隔天，也就是三月十九日，唐鳳開始跟 g0v 的成員思索如何幫助場內的抗議學生。解決議場內的網路頻寬，便成為首要問題。有抗議者架起平板在議場內直播，g0v 成員就將其寫成網路攝影機格式，將內容放到共筆網站（Hackpad）中，讓大家一同來完成。

這場當初只有一百多人的抗議活動，在網路與電視的各樣轉播下，開始湧進更多抗議群眾。到了十九日晚上，立法院的場外已經擠滿超過萬人。

許多媒體進駐會場，同步報導立法院內動態。透過鏡頭，許多人訝異，原來一台 iPad 加兩個夾腳拖鞋，就可以讓學生實況轉播，而學生也能用多種語言發布新聞稿，讓這次學運成為國際媒體的報導素材。

進入二十日，學運已經持續七十二小時，如果要延長戰線，補給就是第一要務。g0v 在此時增加後勤跟物資的力道，包括議場內的抗議者需要吃東西、訂便當與水等，他們使用當時功能還很簡單的 Google Form 製作表格，放上PTT，只要場內的抗議者填寫需求，場外就會有人處理送進去。

當時，立法院外已經聚集數萬名抗議群眾與學生，他們搭好帳篷與睡袋，準備長期抗爭。外界也開始湧入捐款與物資，一時之間，場外許多地方變成物資的集中地。

唐鳳跟 g0v 成員發現場內網路頻寬愈來愈不夠，決定在議場附近架設指向型天線，將傳送速率更快、範圍更大的 WiMax 訊號打進到會場內，至少讓裡面發生的情形能夠忠實呈現。

當時的狀況相當緊急，可以說是風聲鶴唳，時常有傳言說警察準備攻入議場，每當有警察車隊出現在立法院周圍時，總是會引起許多場外抗議民眾的鼓譟。

根據台灣的行政制度，立法院內的警察使用權屬於立法院長，因此時任立法院長的王金平的態度就相當重要。王金平在二十日當天，即表示聽到學生訴求，並承諾不會以暴力驅逐學生。而不間斷的直播，正好讓議場內的一舉一動被忠實記錄，讓民眾就算不到現場，也可以透過直播隨時掌握最新進度。

這樣的直播技術正式上線後，持續湧入大量關注，不只台灣，還有來自世界各國的關心，因此，二十一日時頻寬已相當不夠。唐鳳與 g0v 成員發現立法院內本身有相當好的基地台，就帶著二十多條USB轉網路連接埠的線進去議場，逐漸擴展區域內的網路流量。

到了二十二日，場內外的局勢已經相當緊繃，抗議的學生領袖們要求與總統馬英九對話，但是沒有獲得正面回應。進入第五天，抗議狀態第一次面臨精神極限，抗議學生與社運團體批評馬英九失去統治正當性。

甩掉「資訊落差」

當時的行政院長江宜樺，在二十二日這天出來跟抗議學生領袖對話。林飛帆在議場外與江宜樺正面交鋒，江宜樺堅持服貿協議無法退回、也不同意監督服貿協議的機制需要進行立法，雙方並沒有達成共識，不歡而散。

就在這時，議場內外又出現「資訊落差」，一度傳出警方已經進入議場，準備對付抗議學生，讓場外的抗議人士相當激動。後來林飛帆特別出來解釋，澄清場內並沒有大問題。

唐鳳與 g0v 成員認為，要解決這樣的資訊落差，應該要讓場外的人也都清楚「看到」場內的情況，於是相當克難地找來投影設備跟大布幕，將議場內的狀況投影出來，讓當時外面的抗議群眾與學生可以不必受網路的限制，透過大螢幕就能了解最新情況。

二十三日，總統馬英九終於召開記者會，他重申不會退回服貿協定，也認為抗議學生已經是違法占領，讓許多抗議者不滿。同時場外也有人抗議場內必須要有更積極的行動，否則場外的民眾也很煎熬。

沒想到，更多激動的抗議者決定在當晚進攻距離立法院約五百公尺的行政院。警方雖然已經有準備，但憤怒的抗議者已經扼止不了情緒，他們打破行政院窗戶並翻進去，隨後與警方發生嚴重推擠。

最終，江宜樺下令大力驅離學生，警方在二十四日凌晨五點前，分六次強力驅散。驅離的畫面透過電視與網路第一時間轉播，造成極大震撼。

就在二十三日這天，唐鳳與 g0v 成員將所有直播整合，並正式讓 g0v.today 的網域上線，從此，只要在這個平台上，隨時有不同角度的直播可選擇，其中也包括英文直播與文字直播。

在議場內有位抗議者的打字速度可以到每分鐘一百二十字，唐鳳與 g0v 成員就替他設置一個專屬文字頻道，讓他可以在場內直接打字回報狀況，讓場外接力聲援的抗議人士除了畫面外，也有文字可以知道細節。

為了持續增加頻寬，唐鳳與 g0v 的成員決定在二十三日申請新的網路，他們選擇了中華電信。原本申請需要三至五天的時間，業者居然隔天就立刻來安裝。唐鳳事後笑稱：「大概他們也很想看直播。」

正好在二十四日當天，立法院發生一次很嚴重的跳電，連 g0v.hackpad.com 主頁面也無法連上，被唐鳳稱為是學運「最黑暗的一天」。那天的跳電讓 g0v 成員都了解到，只單靠 WiMax 網速是不夠的，正好中華電信安裝好，原先議場內外各自分工的網路系統，此時正式整合成一塊。

不過，這些日子要進去立法院議場，傳統上是要立法院記者證，這通常是屬於新聞記者的特權，因為國會殿堂在過去的限制相對嚴格，就算是其他電視台與報紙的記者，一旦沒有立法院記者證，都需要辦理一日證。g0v 成員的進進出出，也讓許多傳統新聞工作者感到不適應。

上傳市民記者證

台灣雖然在二〇一一年時釋憲，賦予公民記者有現場採訪的合理權，但當時台灣對於獨立媒體與公民記者等還不太熟悉，有些老一輩資深記者還會認為這些人是「來亂的」，加上當時很多人認為抗議不會持續很久，而且議場始終相當擁擠，來更多人只會造成不必要的麻煩。

於是，唐鳳與 g0v 成員也設計了「公民記者證」，只要輸入大頭照片、印出記者證，就能前往立法院現場。這張記者證並在右邊註有二〇一一年大法官釋憲的原文，只要有心，任何人都可以發揮社會影響力，戴上記者證用自己的媒體、自己的方式報導，不侷限在傳統媒體框架下。自此開始，g0v 也成為獨立性質的媒體。

二十七日，林飛帆與陳為廷等人召開記者會，宣布將無限期占領立法院，並將在三月三十日號召數十萬人，在總統府前舉辦大型抗議活動，事態看似愈來愈無法收拾。

而此時，立法院場外依舊有不少零星衝突，包括有親中國的政治團體前來抗議，甚至出現挑釁行為。為了預防衝突，唐鳳與 g0v 團隊在二十八日時又跟其他工程團隊合作，在立法院內設置更多攝影鏡頭，將每個角落都拍攝下來。

g0v 成員除了支援學運場內的網路直播技術外，同時也幫忙了反對學運、支持服務貿易協定的人。二十九日，團隊接到支持服貿團體「白色正義聯盟」的委託，想要辦支持服務貿易協定的活動，希望 g0v 成員同樣可以支援直播技術。「當時我們的直播組真的就跑過去。因為我們是中立的。他們有活動，我們就這樣做。」唐鳳說。

縱使對方立場完全不同，但是 g0v 成員還是秉持「公開透明」的原則，耐心指導，將以前活動的經驗與如何設定直播等等的模板都無私分享。

三月三十日，g0v 成員碰到太陽花學運最大的示威遊行，學運領袖林飛帆與陳為廷等人，號召數十萬人聚集在總統府前，反對服務貿易協定。在這天遊行中，g0v 同樣支援直播技術，來傳達畫面給台灣與世界各地關心學運的人。

唐鳳在事後回憶，「位於總統府前寬闊的十字路，每隔四百公尺就設置一個大螢幕，完全比照演唱會模式來辦理。」這場號稱五十萬人參與的遊行，透過網路直播，成功地將抗議場景傳送到關心的人們眼中。

學生堅持到最後勝利

太陽花學運的抗議能量，在三月三十日達到頂點。總統馬英九除了讚許人民可以出來表示意見外，也肯定遊行和平結束。不過，就在熱情達到頂點後，太陽花學運確實遇到了難關——接下來的熱情該如何持續？當時學運已經持續將近兩週，抗議人士無論是體力或精神，都面臨臨界點，加上天氣逐漸變熱，對於抗議來說都是新的挑戰，聚集在立法院周遭的人們開始減少。

當時唐鳳與 g0v 團隊，想到一個維持抗議熱情的方法，就是透過分享網路，來讓現場更多人資訊同步。

立法院外動輒數萬人的現場，已經讓網路速度變得相當緩慢，就算電信業者不斷開卡車，上面裝載強波器，有時依舊不夠用。唐鳳與 g0v 團隊在三月三十一日提出「路人松」方案，讓每個路過的路人都可以公平的使用網路空間。

事實上，從三月十八日學運開始後，就有許多高中或大學，將上課內容搬到立法院附近，他們自己搭講台，由教授教導許多社會學、哲學、邏輯辯證等課程。就算來自不同的學校，學生都可以在現場選擇自己喜歡的課程，使得這場學運變得極富教育意義。g0v 共享了網路空間，不只讓當時周遭的抗議人士可以使用，也嘉惠了上課的教授。

四月一日，學運已經進入持久戰，成為抗議者與官方的耐力較量。為了讓台灣人民都了解服貿對自身的影響，g0v 官方推出新的軟體 tisa.g0v.tw。這個網頁上面寫著「你被服貿了嗎」，只要輸入台灣的公司行號或是營業登記項目，使用者就會知道自己工作的行業是否受到服務貿易協定影響。唐鳳認為，這也是將既有資料結構化後，用友善且淺顯易懂的方式讓使用者了解。

全部都公開透明

此後，一連串有創意並幫助年輕人了解「政府當下在做什麼」與「該如何了解政府」的各項網路機能逐漸出現，包括在四月二日時，立法院旁邊的共享網路誕生，在一旁的台灣大學新聞所抗議論壇就善用這項功能，撰寫他們的即時新聞，唐鳳與 g0v 團隊也將這些新聞與他們直播的頻道加以整合，經過附近的人只要連線到 g0v-public，都可以立刻看到。

g0v 團隊又製作了 billab.io 網路介面，讓使用者除了能查詢現有的法條與新成立的法條外，也能簡單查詢尚未被提出或還沒有成立的法條。這個功能，讓更多年輕人願意去了解「政府將要做什麼」、「將來會不會影響到台灣人權益」等，其他人也善用這樣的平台，去擷取製作簡單易懂的網路宣傳圖片，在社群網路上發揮很好的推廣效果。

四月六日，立法院長王金平正式表態在《兩岸協議監督條例》尚未立法之前，將不審服務貿易協定。學生與社會運動人士堅持到最後一刻，終於勝利了。

直到學運最後在四月十日結束前，已經出現不少有助於了解政府政策制定流程的網站，幫助當時困惑、並且想更了解政府政策走向的年輕人。

在太陽花學運進行的同時，台灣社會運動的抗爭風貌也在悄然轉變。

過往世界各地的學運與抗議，一直以來都是要以肉身親臨現場，並且近距離與警察甚至是士兵搏鬥。但是在進入二〇一〇年後，科技有了快速變化，網路與社群媒體的興起，讓更多人可以透過數位方式參與政治。從二〇一〇年的阿拉伯之春起就是如此，這股風潮也在之後傳到亞洲。太陽花學運的這二十四天，台灣人不再只用肉身親臨現場，實際表達抗議外，透過現場畫面轉播，每個人都可以傳播即時的資訊。

保證訊息的通暢與透明，這也是唐鳳一直以來強調的「網路中立性」。透明的通訊可以確保最低限度的衝突與誤會，這是唐鳳投身網路運動以來最大的宗旨。就如同他跟 g0v 團隊在投身太陽花學運時，便不是以政治的角度去衡量每一件事，而是「做這件事情有沒有辦法讓彼此都更了解對方」？進而去找出更妥善的方式處理。

也因此，整場學運透過大量的資訊傳播阻止謠言散播，並在問題發生的當下即時澄清，這是「讓資訊透明」的最大成果。唐鳳後來回憶：「如果因為這樣的關係，（學運）很少人受傷，或是沒有人失蹤，有百分之一是因為我們做了這些事情，我覺得就很值得了。」

重新詮釋民主的人們

太陽花運動不只是新世代的社會運動，對於台灣民主更有嶄新的啟蒙，除了它是年輕世代的台灣人對中國勢力最大的反抗外，同時也重新詮釋了人民參與民主的方式。

在一開始聽到服務貿易協定通過的當下，許多年輕人都是絕望的，因為當時國民黨擁有絕對的執政與立法優勢。對於這些出生在一九八〇與一九九〇年代的台灣人來說，小時候成長於陳水扁總統執政，所謂的藍綠惡鬥時期，他們討厭政黨陷入意識型態的戰爭，而沒有顧及台灣民生、經濟與福祉。這也導致這群世代長年不關心政治，因為他們認為，不論是哪個政黨執政，都只是為了政黨利益。

直到學運發生後，在網路科技的串聯下，許多年輕世代才發現「其實有這麼多人關心國家」。平時他們可能抱怨社會的不公，看到政府的決策卻無可奈何，直到社群網路的傳播與號召力，瞬間在網路上凝聚成一股強而有力的風潮，當下許多年輕世代都是想著「不管怎麼樣，先去現場看看吧！」因而使得學生運動隔天、三月十九日，立法院外立刻擠滿上萬人潮。

國民黨當時批評，民進黨「動員」年輕世代來現場，這其實是個誤會，以當時民進黨的能力，絕對無法動員這麼多年輕世代。這些號召若沒有網路串聯，也絕對無法達成。

爾後，短而有力的「自己國家自己救」口號，迅速在年輕世代中擴散，到了第三天，已經被製作成各種抗議道具。

唐鳳與 g0v 團隊，奉行「公民黑客精神」，在這段期間提供透明公開的資訊讓年輕人閱覽，無意間帶動台灣年輕人願意相信「政治是可以被改變的」，而且未來是掌握在他們的手上。透過直播，看到政府官員的即時回應，也發現自己過去不關心政治，造成政府的為所欲為，他們都有連帶責任。

不少年輕人在學運時期上台發言，勇於表達對台灣的未來想像，並表示在中國政府的掣肘下，台灣只會淪為中國的經濟殖民，等到經濟被全盤掌握，台灣離被併吞也不遠了。

這場學生運動最後造成一個很顯著的效果——台灣的年輕人開始出來參政。在二〇一四年年底的地方大選，原本執政的國民黨空前慘敗，兼任國民黨主席的馬英九也辭去黨主席職務，長年被國民黨統治的首都台北市，則是由醫生出身的政治素人柯文哲，以無黨籍身分（民進黨支持）高票當選，成為首位無黨籍台北市長。柯文哲當時引用古希臘哲學家柏拉圖的名言：「拒絕參與政治的懲罰之一，就是被糟糕的人統治。」

柯文哲在當選後，強調新的「民主、自由、多元、開放」等四個價值，讓台灣政治的「透明性」揭開新的一幕。柯文哲也在之後說：「政治不難，找回良心而已。」

這場學生運動讓二十多歲與三十多歲的年輕人發現，其實每個人都可以透過自己的力量去影響周遭的人，進而影響社會，這也是資訊透明的網路社會所能帶給台灣新的刺激。

以網路替代馬路

太陽花學運最後在政府與學生對話後，平和收場。但是，這次事件給政府很大的警惕。如果能有一個方式，讓民意可以浮現，並及早與政府對話，是不是就能避免這樣大規模的社會運動呢？於是在隔年，台灣政府決定「以網路代替馬路」，仿效美國白宮連署網站 We the People 設立提案平台，這就是現在仍在運作的「公共政策網路參與平台（JOIN）」。

對於社會運動，唐鳳相信印度聖雄甘地的三個階段理論：

第一個階段是「人們忽視你」，剛開始在倡議一個新主張時，往往會被一般人忽略。

第二個階段則是「人們嘲笑你」，認為這樣做是沒有意義、徒勞無功的。

最後一個階段則是「人們都覺得，不是本來就應該這樣嗎？」代表這樣的精神與文化，已經自然融入到每個人的生活中。

一百年前，全世界的女性幾乎都沒有投票權，而現在女性投票、參政、當國家元首等，都已經是再自然不過的事。而台灣在二〇一九年通過婚姻平權法案，成為亞洲首例，也許將來，婚姻平權也會在亞洲各國變得相當自然。

台灣的民主制度亦是如此。

過去的藍綠統獨惡鬥，一度讓許多年輕世代對國家灰心，但如今年輕人關心政治，並替社會事務發聲，已經變得再自然不過。甚至在二〇一六年與二〇二〇年的總統大選，年輕選票都成為民進黨的致勝關鍵。

資訊透明所帶來的思維改革是巨大的，這個理念被應用在二〇一二年的g0v零時政府，二〇一四年被運用在社會運動上，直到二〇一六年，民進黨重新獲得執政權，唐鳳被任命為數位政委，也是循著這樣的進程在走，「公民提案、全民參與」的理念，已慢慢成為台灣社會習以為常的風潮。

唐鳳曾在訪談中提及社會的健全性：「（台灣）這邊一直是社會的正當性愈高，人民的自主性愈高，大家的公民自由愈高，社會就愈健全。」民主社會的正當性，正是來自於把資訊公開透明，提升公民的自主性。

唐鳳一直很推崇一句話，這是由一位台灣科技前輩，畢業於美國喬治華盛頓大學電信研究所、長期推動網路中立性立法的楊孝先所說。這句話是：「如果我們相信開放透明的力量，就要握著它戰勝黑暗。」

對於唐鳳所言的「透明」，在中國似乎有不同的涵義。「如果用漢語來說，台灣跟中國，同樣的詞常常代表不一樣的意思。比如『透明』，台灣指的是『政府要對人民透明』，但在中國就是『人民對政府透明』。每次在做這樣的討論時，同樣的語彙，我就要特別加引號。」

唐鳳也認為，「數位社會並沒有完全中立的科技，每一種新科技被應用的時候，背後就有個相對應的哲學或價值。台灣的自由社會，是靠一個人、一個人做出公民決定，讓社會趨於健全。但在中國，社會的健全他們叫做『和諧』，十幾年來他們對和諧與健全社會，跟我們已經有很大的落差。」

除了中國的數位健全性外，在台灣文化上，唐鳳也有其看法。

「我們變成跨文化的體質，不管一個人出生的文化是什麼，長大後都可以變成不同文化。從最早的原住民到各種新住民，都能結合起來。用世界坐標定位，而不被出生文化限制，這跟世界潮流是一致的。不是一種文化或文字去定於一尊。」

台灣過去如此，現在亦然。

Chapter 7

唐鳳的建言：對未來世界與科技的想像

「奇點」即將接近時，謹記「眾點」就在這裡。

未來已來，
只是沒有均勻擴散。

——科幻小說家威廉・吉布森（William Gibson）

數位政委的優雅詩句

有一次被外國媒體問到，數位政委到底在做些什麼？唐鳳親自撰寫一首英文禱詞，優雅地解釋了她的工作內容：

我們看見「萬物聯網」。願我們將智慧聯網。
我們看見「虛擬實境」。願我們將實境共享。

我們看見「機器學習」。願我們能協力學習。
我們看見「用戶體驗」。願我們能體驗人際。
我們聽到「奇點即將接近」。但願我們惦記：「眾點」就在這裡。

When we see the Internet of things, let's make it an Internet of beings.
When we see virtual reality, let's make it a shared reality.
When we see machine learning, let's make it collaborative learning.
When we see user experience, let's make it about human experience.
Whenever we hear the singularity is near, let us always remember the plurality is here.

這就是她眼中所見，關於科技的未來。

天資聰穎的唐鳳，小時候很愛幻想未來嗎？唐鳳笑稱，她很喜歡看科幻小說，小時候看的是有著「世界三大科幻小說家」之稱的以撒・艾西莫夫（Issac Asimov），這幾年看過美國科幻小說家姜峯楠（Ted Chiang）的作品。即便如此，她選擇活在當下，每一天只想當天的事情。

她認為，如果在心裡希望「未來能夠發生改變」，那麼，在今天就要試著做一點改變。換句話說，如果今天沒有帶入改變，那麼，明天就不會發生改變。

唐鳳喜歡引述科幻小說家威廉・吉布森（William Gibson）的名言：「未來已經來了，只是沒有均勻擴散（The future is already here – it's just not evenly distributed.）。」

吉布森在一九八〇年代體驗了ＶＲ裝置後，說出了這句名言。當時ＶＲ技術還屬陽春，大多體驗者會在五分鐘後開始暈眩不適。再者，當時ＶＲ設備非常昂貴，通常在實驗室才有。因此不論在價位與技術上都不成熟，讓這樣的新技術沒有辦法「均勻擴散」。

不過，隨著科技日新月異，現在的ＶＲ裝備更為輕盈、價格也相對合理，更重要的是技術大幅進步，人們戴上後，已有彷彿親臨現場之感。虛擬實境不只是用在遊戲、也可以大幅增加人類的其他生活體驗。

始終保持同感與高度同理心

虛擬實境最珍貴的特性，就是跨越世代、國界和城鄉，建立共同在場的「同理心」。但是，如果虛擬世界中只有一個人，將會成為一個人的空想，只有「分享實境」，才能有助於對彼此的了解與尊重。

有一次，唐鳳在巴黎出差時，應台灣公共電視邀請，運用ＶＲ技術召開記者會，遠距跟台灣的五位中小學生對話。她在螢幕上創造數位化身，把自己縮小到跟國中學生一樣高，這樣不只對方沒有壓力，也少了大人高高在上的感覺。在三十六分鐘的對談中，唐鳳讓學生們針對教育、政治、數位科技、跨性別等議題自由提問，讓對話在輕鬆的氛圍下進行。

ＶＲ也使得「協力學習」變得更友善，人們可以在各種規模、語言及文化下，自在地傾聽彼此意見，而不用拘束於傳統的教學方式。更重要的是，透過這樣的ＶＲ教學，更能讓學生專注學習。

在新型冠狀病毒疫情後，世界各國也開始加速遠距教學。然而遠距教學的成效，或多或少因為家庭的電腦設備不同而有所偏差，甚至還有「遠距難民」等說法出現。不少日本學校雖然實施遠距教學，不過像是作業或是期中考試等，老師還是會郵寄試卷到家中，如何能讓遠距教學真正有效，至今仍有不少討論。

唐鳳建議，如果要達到遠距教學的成效，首先要花時間營造共同在場的感覺，意即建立「同感」。

孩子在成長階段，喜歡探索各式各樣的事物，在尚未決定真正喜歡什麼事物之前，如果一直關在家中，會比較封閉，所以，還是需要在群體中成長。在學校中，大家穿同樣的校服，吃同樣的午餐，群體的同感因此建立。

過去唐鳳在參加黑客松時，有過幾次是「在家松」，大家各自在家中參與，不過會刻意保持「同在性」，例如訂同樣的披薩或使用同樣物品等。如此一來，雖然大家所在的空間不一樣，不過，透過線上參與的共同點，也可以營造出一種虛擬的同質性。如果沒有刻意經營這樣的同在性，就會出現疏離感。

遠距教學也是如此。即使在家學習，如果中午約好吃一樣的家常料理，彼此的感情會更融洽。當然，每一種科目與教學方式都不盡相同，但未來靠著擴增實境、虛擬實境，應該會有更多細膩的做法吧！

無論何種課程，看科目是屬於知識性、情感性或討論性質，老師再藉由科目的特長，去營造現場同在的感覺，這或許是未來遠距教學的可行方向。

回到八〇年代吉布森的說法，當時ＶＲ技術的出現固然驚奇，但ＶＲ從單純是種體驗，到可以應用在日常生活，還是經過了二十年以上的時間。因此，即使通往未來的科技不斷被發明，但要實際應用在人類社會，終究需要不斷試驗，而科技要輔助人類社會，也須倚賴人們彼此建立互相尊重的同理心與共感的時刻。

除了遠距學習，ＶＲ也可以跨越世代，讓長輩直接體驗切換時空的驚奇。唐鳳的外婆曾經戴上ＶＲ頭盔去體驗歐洲的風景，實際體驗旅遊的感受。

「要老人家學習用觸控筆去寫程式，可能很困難。但像是如果用到ＶＲ，她就會覺得跟現實生活沒有兩樣，幾乎不需要學習就能應用。」唐鳳說。如果能有這樣的愉快體驗，就能拉近了長者與科技的距離。

近來，唐鳳也與科技界合作，請七十、八十歲的朋友們戴上VR眼鏡，在虛擬實境中回到他年輕時常走的街廓。這些老年人在虛擬實境中，自己當起導覽員，向同樣戴起虛擬眼鏡的年輕人解說，讓年輕人更理解老年人年輕時的世界。

VR技術更重要的，是可以讓不同時代的人共享實境。

「年輕人都跟老年人說，你想想自己年輕時候的樣子，但是老年人很難真的跟年輕人說，他年輕時候的樣子如何，因為那個世界已經不在了。」唐鳳說。

但是，如果在VR裡面，大家透過虛擬實境，讓大家可以回去體驗那個時代。這樣一來，讓雙方都能在虛擬中，以更為平等的角度看待對方。

未來的科技發展，前景依舊值得期待，但前提是：讓科技去適應人類，而不是人類去適應科技。

例如，比較晚發明的觸控筆比較早發明的鍵盤，更真實地模擬人類用筆輸入資料的模式。而現在熱門的電動車雖然很安靜，但是少了引擎聲，有時讓人駕駛時感覺「不真實」，因為人類長久以來，一直仰賴聲音來判斷車距。因此，未來說不定會擬真引擎的聲音，目的是為了讓科技配合人類感官的習慣。

導入新科技的人，如果能保持謙虛的態度，隨時考量如何輔助人類習慣，而不只是一味追求第一名或第二名的先進技術，反倒排擠社會大眾的需求，這樣就會是有智慧的技術。

在網路上，不只下載也要上傳

網路上的資訊愈來愈多，我們每天都從網路上下載許多資訊，滿足我們求知和娛樂的目的。但是，如果一直過度仰賴資訊，在網路世界中參與愈少，被動接受愈多，那就會產生偏聽。

「如果到最後變成只是在網路上聽廣播，或是看電視，那麼網路就沒有發揮它本來的功能跟意義。」唐鳳說。一個成熟的網路公民，要能接受資訊也要能創造內容，同時保持上傳與下載的均衡頻寬很重要。

她認為，現在是「萬物聯網」的時代，但有時過量的下載資訊反而不好，只搜尋自己需要的，工作結束後記得把自己的智慧聯網，對網路做出貢獻。

在網路社會中持續保持熱情、參與創作，人們才會覺得，這個世界的未來，有一部分是靠自己參與，進而擴散到世界。「只要能參與創造未來，一切就不會變得難以預測。」唐鳳說。人類這幾千年來，就是不斷靠著創作堆積，免於恐懼，讓未來變得更篤定。

「如果你看到一個想要的未來，那就讓自己先成為你想要的改變。」之後跟類似主張的朋友組織起來，把這個改變的優劣如實地讓社會知道，讓社會有創新的機會。

該如何迎接「奇點」？

在科技發展的論述中總會提到，未來，人工智慧終究有超越人類智慧的那一天，科學家們稱之為「奇點」到來。

唐鳳始終認為，未來的人工智慧，在社會中將扮演輔佐而非主導的角色，她說：「人工智慧永遠不可能取代人生智慧。」

但是，唐鳳也同時看到，不論奇點何時到來，眼前有太多眾人之事需要科技以及科技以外的思維交互協力，找出對策。這就是「眾點」所在。

台灣跟日本在未來的科技上，不約而同地提出永續、創新、包容的價值，雙邊各有特長。之前，日本政府在二〇一六年時提出「社會5.0」概念，在高齡化、少子化的挑戰中，希望透過網路科技、機器人技術，創造新世代的多元社會，而台灣社會也面臨少子化的挑戰，因此，互相參考對方的做法，切磋琢磨，可以共創更進化的社會新論述。

日本對於地方創生的思維，帶給唐鳳很大的啟發。

二〇一九年的三一一大地震週年前夕，唐鳳到東京參訪。當她在東京超市看到福島的農產品時，自己也忍不住買來支持。親口品嚐地震後遭受海嘯侵襲的福島縣柿餅之後，她以日文由衷說了：「超好吃。」

唐鳳事後回憶說，她當時深深體會到，福島不只是因為地震受災，在地震後，許多人口大量外移到其他縣市，也是一種受災。然而，一些當地的農民沒有放棄，依舊留在家鄉辛勤耕耘，並且透過柿子與柿餅等，重新建立品牌，希望大家繼續支持福島。這種人與家鄉的「羈絆」，讓她深深觸動。

日本目前在地方創生中也導入「RESAS 地方經濟分析系統」，除了農林漁牧各項資料，也包含人口結構、教育等資料。這樣一來，各方討論地方事務時，不是靠著模糊印象與片段記憶拼湊政策，而是能夠引用數據、就事論事，這就是日本政府循證治理（Evidence-based governance）的智慧，非常值得台灣學習。

在台灣，則有放在各地的「空氣盒子」，用來分析空氣品質，即時監控 PM2.5 空汙指數。這個盒子結合了人工智慧、大數據應用與網路傳輸的功能，像一個微型的空氣監控站，社區居民可以訂閱離家最近的空氣盒子，透過 LINE 機器人把資料傳輸到自己的手機，這樣就可以知道今天的空氣品質好不好，能不能在附近跑步。

原先這只是學術界發起的計劃，但隨著這個裝置愈來愈引起話題，逐漸吸引台灣官方關注，進一步編列預算，提供放置地點，g0v 與環境學者也加入幫忙建構資訊網，至今，全台灣已經有六千多個空氣盒子隨時監控空氣品質。這是由學術界和民間啟動創新，再由官方跟進的實例。

「有時候，政府還沒有開始做的事，可以先由民間來做。」唐鳳說，參與「政治」聽起來很宏大，但是，政治就是「治理眾人之事」。即使只是單純關心社區事務，如果能召集熱愛地方的朋友共同治理，這就是參與眾人之事了。

她觀察到，只要在社區中結合跨世代、跨文化間的住民，彼此互相傾聽與理解，依循共同的價值治理，如果有做得好的案例，就從地方擴散到中央政府，那麼，大家想要看到的未來，就會出現。

科技讓世界更民主？更獨裁？

科技在輔助人類社會之餘，也有人擔憂科技可能被獨裁政權惡用。

例如，有心的國家運用天網、人臉辨識等技術，在大街小巷中密集設置攝影鏡頭，捕捉居民的一舉一動，隨時傳輸資料到中央政府進行分析；或是設置信用評比，評比過低的人將被限制買火車票或機票等旅遊票券。

雖然有人認為，這樣做有助於預防犯罪，但也有許多人擔憂，這樣的「科技監視」是極權的展現。這樣一來，高科技是不是被惡用了呢？

唐鳳認為，科技會輔助每個人快速、縝密地達到他所信仰的價值，信仰極權主義的人，的確可能用科技做到完全監視。

但是，即使不是這麼極端的狀況之下，對於「善」、「惡」的認定，也要更加謹慎。

「歷史上有一段時間，大家都覺得女性沒有投票權是『善的』，也有一段時間，大家覺得特定的人種沒有投票權是『善的』，這些決定，我們現在看起來都很荒謬。」

唐鳳說，科技會增幅（empower）人們原本所相信的價值，所以，政府在治理公共事務時，對於各方利害關係人，應該建立讓民眾公開參與、公開討論和公開監督的系統。如此一來，科技將幫助社會深化民主的價值。

除此之外，如果能在治理的過程中產生可信的資料，根據資料循證治理，這也是讓民主社會進化的關鍵。「大家集思廣益，用各種客觀的資料來代表各方協商，持續分享資料，彰顯公義價值，這樣就能慢慢創造高素養、信賴感強的社會。」唐鳳說。

小學時，唐鳳曾經到德國居住一年，長大之後，又常常搭飛機參加國際會議，在她的腦海中，存著五種語言的資料庫，其中有小時候跟阿嬤說的台語，現在最常說的中文和英文，以及小學時學習的德語和法語。

這些跨文化的體驗，讓她體會到，每個人除了具有國籍，更是世界公民。每個人在這個世界上都占有一席之地，具有一個獨立的世界坐標，不受限於出生地所在的文化和國籍。「如果每個人都能夠自主思考，這個社會就會產生多樣性，不會隨便被單一論述決定，而且禁得起持續檢驗。這樣，當社會發生新的衝擊時，比較不會被全面擊倒。」唐鳳說。

對唐鳳來說，寬頻是人權，民主是信仰，而網路是她靈魂棲息的地方。她曾經說，每天不可或缺的事情，就是冥想。冥想的時候，她戴上VR頭盔，在虛擬實境中神遊太空。

「戴上VR之後，一個虛擬實境的旅行會把我帶到國際太空站，從那裡俯瞰地球時，我看不到國界，卻感覺到地球在宇宙中的渺小脆弱。當下，心情慢慢平靜，沉澱之後，感覺自己似乎變成更好的人。」

或許，這正是她想要看到的未來：讓這個世界，能夠因為科技和網路，變得更為平安、更加幸福。

召喚唐鳳

Chapter 8

Episode 1　我只是為改變「增幅」

您如何正面解讀這次新冠肺炎？

整個世界同舟一命，而大家想到解決方案，就會勇於跟全世界分享。全世界是一起呼吸的，也會因病毒一起生病，這不會因國界、種族而有不同。

大家終於體會到，全世界命運是相連的。

在數位政委任內，您最希望看到哪些事情因為您的努力而改變？

我的工作，不是要由我發動任何特定的改變，而是，如果有人創造了某種改變，不管是數位轉型、永續轉型等等，我要確保當這個改變發生的時候，未來可以更容易去擴散，換言之，我只是增幅、擴大這個想法而已。

萬事萬物本來就會改變，只有「變異」這件事是不變的，這是易經的道理。我想幫助社會各界，理解我們正在經歷的改變。

您是公認的天才，天才總是讓世人覺得天下沒有難得倒他的事。您有覺得困難的事嗎？

只有在急著要解決問題時，在那種壓力之下，才會有被問題「難倒」或「難不倒」的差別。

碰到困難時，要能跟問題相處。如果能跟問題長時間相處，就沒有問題能夠打倒你，因為，你會找到跟問題共生的方法。

您如何管理自己的心情？

有任何正面或負面的感受，我會在心裡留一個空間給它，一直到我可以好好描述那種感受為止。過於正面或過於負面的心情，我們都可以花時間跟它們相處，直到最後達到不苦不樂的境界。

正面的心情有時會帶來困擾。比如有時候過度地熱衷一件事，以至於別人提出相反立場，我就很難接受。一旦自認是正確的，就容易排除他人的意見。而有些負面的事，我把它當成是精神按摩，別人按到這個點你會痛，就表示心裡有些東西還沒有鬆開。

面對這樣的事，我的做法非常簡單。如果我看到網友們的留言、意見，裡面有指名道姓提到我，而且他留言的一些文字讓我想要砸電腦，這個時候我不會去砸電腦，因為電腦很貴。

我會放一段新的音樂，或者是沖一杯我從來沒有喝過、新口味的茶，這個很容易，拿兩種茶包、丟進同一杯熱水裡面，一下子就可以出現新的組合。然後我就稍微靜下來，想著這一些字，開始喝茶、聽新的音樂。

這個概念就是說，我如果感到憤怒的話，這個憤怒的情緒還是懸在這裡，但是我去做一些開心的事情，這個時候，情緒就會移動。

以後，看到這一些文字的時候，我可以很快地想到「原來這個就是牛蒡茶跟薄荷茶混在一起喝的味道」，或者，這就是某一段音樂。這個時候，我就會馬上從憤怒的情緒變成開心的。

只要我那一天有睡夠，這個精神按摩就很有效。我一醒來之後，在腦裡就出現一個新的長期記憶，以後任何人再給我輸入這一種的東西，我就已經完全不會再有不舒服的感覺。

這個時候，我就可以就事論事，去回應留言的人。如果網友是基於他個人的經驗，而不是複製別人的文字，而且他說的跟他一向以來的立場一致，我就挑他留言裡的一小部分回應，其他的部分完全當做沒有看到。

通常，這樣一下子就可以跟網友有很好的對話，我甚至會邀請他，過來我所在的社會創新實驗中心，一起吃一點東西、聊一聊。

Episode 2　每個人在自己的跑道上，都是資優生

您童年的家庭教育，對您人生最大的影響是什麼呢？

我父親教導我不要相信任何權威。我母親讓我看到，即使是個人的感受，只要能夠變成文字，就可以與他人產生共同的意義。

聽說您從幼稚園到小學讀了九所學校，為什麼會這樣呢？

因為每年都轉學，就不用寫暑假作業了！（笑）

學校把每個人放在同一個跑道上競爭。一般到高中的時候，可能會分成兩個或三個跑道，但大家還是只能跟自己旁邊的人比較，學生無法離開跑道，前往更高的地方，或者去更多地方，去欣賞更多不同的視野。

又因為這個軌道是固定的，所以有贏家有輸家。但是，出了社會之後就發現，這樣的輸贏，還是不見得能把大家的能力準備好。

我可能因為自己幼稚園讀了三所學校，小學讀了六所學校，所以我看出這個軌道是人工的，是被給定的。但是，每個人最後走的路，不是在那個軌道上，而是朝向自己生命的方向。它可能是一條崎嶇的路，也可能是彎路。每個人在自己的跑道上，都會是資優生。

每個人都與眾不同，與眾相同是一種幻覺。

我只是比較早從這個幻覺中醒來。

就您看，在小學的教育和國中的教育，如果能朝向怎樣的方向發展，童年的您可能就會願意就讀呢？

台灣的教育實驗跟實驗教育，已經有很好的合作。現在有更自由的課綱，更自由的學習方式，即使在一般的公立學校，學生也可以像我小時候一樣，一個禮拜去學校三天也沒問題。

除此之外，也有很多自學團體提供不同的學程，現在這些都是合法的選擇。

可以說，現在因為法令的支持，我小時候想要看到的改變，已經發生了。

Episode 3　學習的重點在於，你未來想走向哪裡

所謂在家自學，一定就是自己一個人學嗎？

我自己小時候開始自學時，還沒有維基百科，那時看的是線上的《古騰堡計劃》，都是一次世界大戰以前公共版權的書，共通的特點就是很樂觀。

但是，我無法了解當時的時代背景，比如：為什麼達爾文要去旅行？所以我發現，知識不能只看文字，要和一群人一起研究，去了解那個知識當下發生的近代思想、哲學和歷史，所以，我又跑回我家附近的大學旁聽。自學時，如果有一群朋友，大家可以一起討論，「喔，事情應該是這樣吧！」之後再回去看書，會比較看得懂。

自己讀書的好處是，可以看出別人看不出的東西，這很重要，不然就是人云

亦云，別人講什麼你就附和，沒有自己的空間。但是有一群人可以彼此分享，也很重要。

如果是在大學階段，學習的重點不是在於要讀哪一個學門，而是你未來想要解決哪一個問題，走向哪一個地方。

就像天上雖然有很多已經被命名的星座，但只要你思索後往一個方向走，旁邊所有的星星都會是你的素材，你把它們串聯起來之後，就會變成宇宙間獨一無二的、自己的星座。

您覺得未來在實驗教育上，可以嘗試的方向是什麼？

實驗教育，可以再往高等教育延伸，如果能夠這樣會很有意思。現在有一種跨文化、跨空間、跨世代的學習模式，類似密涅瓦（Minerva，以全球城市為教室、沒有校園的大學，所有課程都線上進行）這種以數個城市做為校區的實驗大學，並不是以特定年紀來招生，而是把對同一個研究專案有興趣的人，召集起來一起學習。所以，這些一起研究的人，年紀可能會差到三十歲、五十歲，年輕人跟銀髮族可以一起當同學。

學習新事物的祕訣是什麼呢？

要有「建立新習慣」的習慣。就像學新的語言，你學愈多語言，抓到訣竅後，就愈容易再學新的語言。如果能有意識地建立新習慣，這件事也會愈來愈上手。但通常一次建立一個新習慣就好，不要同時建立很多個，這樣會有「戒斷症狀」，不容易成功。

根據科學研究，一般來說，要建立一個新習慣，大概要花兩個月。這雖然看起來不容易，但是，如果真的下定決心去做，一年也可以建立六個新習慣。

例如，在疫情期間，我就建立了一個新習慣，就是走路上下班。我把工作用的電腦放在辦公室，早上醒來如果要工作，就是從家裡走十五分鐘到辦公室。下班後，則是把電腦留在辦公室，走路回家。

在走路途中，也會有民眾找我聊天，所以我每天也會預留一點時間，是可以在路上從容跟人聊天的。這樣，每天我都還是跟人群有接觸，不會只是匆忙地上下班、怕被人打斷。

這是我最近很有意識建立的新習慣。

Episode 4 要找一個你有興趣的問題來解決

少年時代交到的朋友，對您後來人生的影響是什麼？

那個時候，主要是受到那種平等自由的社群氛圍影響，就是，任何人都可以對社群有貢獻，無分年齡性別，大家都可以為了共同的價值而工作。

您希望職場是一個什麼樣的地方？

每一刻都不離開自己的感覺以及判斷去做事。

傳說您擔任顧問工作時，時薪曾經是一小時一塊比特幣嗎？

開始的確是這樣規劃，不過後來像蘋果和牛津大學出版社都反映，比特幣的價錢漲跌不定，在帳務上會造成困擾，所以後來的方式，是以簽約時比特幣的價格，換算為當地貨幣來計算。

在就任政委前，您有投資比特幣或其他虛擬貨幣的經驗嗎？有賺到錢的經驗嗎？

我覺得比特幣是一個很有趣的概念，是一個實驗性的想法。如果有人真的付我比特幣的話，中間沒有跨國銀行的轉帳匯兌，沒有匯差的問題，我也不用等兩、三天才入帳。但是事實上，之前我當顧問時，大一點的公司都無法用比特幣支付費用，因為在財務會計的實務上有困難。

比特幣的價格起伏的確很大，但我之前也不是把比特幣視為投資理財的工具，我自己也從未持有比特幣，我只是把比特幣視為是「去中心化分散式帳本」的實踐範例。

現在很多孩子也開始學寫程式，您覺得寫好程式的祕訣是什麼呢？

要找一個你感興趣的問題來解決。不是為了寫程式而寫程式。如果年紀再小一點的孩子，我會建議先接觸設計思維（Design thinking），再接觸運算思維（Computational thinking）。

設計思維主要是在傾聽各方不同思維的人，對一個系統的想像，然後慢慢收斂成共同的願望。

運算思維比較是，你已經有共同願望後，如何好好實作，把這個願望遞送到每一個人面前。

雖然台灣說是程式設計，但事實上應該是設計在前，程式在後。

請問年輕人如果想要創立社會企業，可以給他們建議嗎？

社會企業是用經濟的手法來解決社會問題，我覺得特別在教育、食品安全、循環經濟這三大領域，是比較容易喚起大家關心、社會動員力特別強，也是數位科技可以幫上忙的。

另外，在我看到的例子裡面，年輕人跟中年人或更資深的長輩一起創業，有時更容易成功，因為雙方的人生經驗可以互補。

Episode 5　有人質疑，表示他關心

您如何面對別人對於跨性別的不解或質疑，甚至攻擊？

我沒有特別的方法，要看對方具體質疑的是什麼，如果能討論就討論。如果有人有質疑，表示他關心，有這樣的好奇心我覺得很好，表示我們有彼此可以分享的地方。但是如果對方連好奇心都沒有，那就沒有討論的餘地。

您覺得一個對於性別認同更為多元的社會，會有哪些不同於現在的轉變？

一個人的命運比較不由他的生理決定。

您覺得日本的跨性別者、LGBT族群可以做哪些努力來改變現狀？

首先要看你要把現狀改變到哪裡。

在台灣的特色是，我們會綜合各個世代的想法，找出一個不滿意但是可以接受的做法。「結婚不結姻」就是一個很好的例子，這是一個創新的法律見解。登記婚保障了結婚雙方的權益，但是又沒有讓雙方家族有交集，以避開我們民法上那些關乎性別的姻親稱謂。

當我們看到一個看起來「零和」的問題時，總是可以經過討論，找到讓多方共好的解答。

Episode 6 溝通可以減少誤會、猜忌與傷亡

您對社會運動的熱情，是怎樣被啟蒙的？

可能因為我的爸媽都關心政治和公民參與。事實上，我也跟著他們參加了很多早期的社會運動。

我母親參與創立主婦聯盟環境保護基金會，所以，小學一、二年級的課外時間，我有時候會跟著媽媽去參訪垃圾掩埋場，關心如何利用廢棄物。家裡的餐桌也都是由主婦聯盟合作社共同採購的米糧，所以，看起來，我似乎就是在關心社會議題家庭中長大的孩子。

太陽花學運時，您參與了哪些部分呢？

二〇一四年三月，當時我還在我遠距工作的那家公司（Socialtext）內部聊天室裡面。我記得，當時跟一位外籍工程師聊到，有學生占領立法院了，然後我就說：「民主需要我，接下來幾天可能不會上班了！」

現在想起來，那種發言實在有點熱血，但又有點中二啊！

在前一年，我剛好研讀過柯司特（Manuel Castells）的《憤慨與希望的網絡》（*Networks of Outrage and Hope: Social Movements in the Internet Age*），這本書探討了社會運動中的通訊機制，我本來就很喜歡他的理論，所以自己在部落格翻譯過一小段內容。

卡斯提爾在書中說到，在像「阿拉伯之春」或「占領華爾街」這種占領運動裡，網路科技可以扮演許多角色，所以，看完書的我決定學以致用。

當時，場內的占領者有自己的行動計劃。場內除了占領的學生外，也有義務的律師團來保障大家在法治上的人權，或者義務的醫師團跟護理團，來保護大家的健康權。我們則是以技術的專業，義務地保障大家的通訊權。我們覺得，只要通訊權能夠確保，那剩下的事情，就是實際參與這個運動的人，想要把這個運動帶領到哪裡。

但是如果沒有保障大家的通訊權利，很容易就因為謠言、陰謀論，進入一種沒有辦法好好討論的狀況。溝通可以減少誤會，可以減少彼此猜忌的情況，簡單來說，也可以減少傷亡。

在太陽花學運時，您有天天去現場嗎？

我進立法院場內只有一次，就是帶網路線去的那天。但那一次，讓我印象很深刻的是，外面在傳說裡面警察在打人，所以外面的人想要衝進去，然後學運領袖林飛帆，就穿著他那件後來很著名的軍綠色外套出去澄清說：「我們在裡面沒事，警察沒有進來。」

那時我很真切感覺到，原來謠言傳播的速度，比真相快那麼多！一定有我們這些學資訊、通訊的人可以做的事。

太陽花運動讓台灣的民主出現哪些影響呢？

支持占領立法院剛開始的前幾天，大家情緒很緊張，但是後來氣氛愈來愈歡樂。許多其他主張的攤位，例如人權、性別平等相關的，也在那附近的街道串聯擺攤。到最後，現場的ＤＪ甚至開始播電影《KANO》了！

有人說，太陽花運動後來好像變成民主夜市，不論你有一分鐘也好，一小時也好，一天也好，你都可以參與，到這裡的各式主張的攤位來走走看看。這正好證明了這次學運的安全跟多元性，也讓這種社會運動的門檻，不再高不可攀。

從年輕人的角度來看，本來覺得很小眾的嚴肅議題，突然變成很酷的一件事情，參與起來很有樂趣，這種歡樂取代了悲情，這是台灣民主深化的一個基調。

您覺得這次的運動最大的意義是什麼呢？

整個活動期間，在立法院周邊沒有傷亡，這是一次寧靜革命。大家也透過太陽花運動看到，原本大家認為太過專業、一般庶民無法討論的題目，或者那種利害關係大，且多方爭議的題目，原來可以運用在網路世界的利害關係人治理模式，來進行討論，得到共識。

整個政府的文官系統因此更理解了民主的價值，也因此有機會轉型，變成更加民主的治理。

您怎麼認知台灣在亞洲的現狀？

台灣在新石器時代就已經與歐亞大陸分離了。台灣位處歐亞大陸板塊與菲律賓海板塊交界，至今仍不斷碰撞擠壓，聽說玉山就是這樣每年長高兩公分，我們未來就是不斷升高，然後仰望星空吧。

Episode 7　讓每個投票的人，都找到自己想要的投票組合

在可見的未來，您覺得有哪些創新的想法或做法，可以應用在社會中？

我負責評選工作的總統盃黑客松，在徵選入選隊伍時，採用的是平方投票（Quadratic Voting，QV）法。

在這個活動中，平方投票法的規則是，每個投票者都有九十九點，每個投票的人，都可以不只投一票。

投第一票的時候，會耗用一點，針對同一個案子投第二票的時候，會耗用四點（二乘以二），針對同一個案子投到第三票的時候，會耗用九點（三乘以三）。以此類推，一直到點數用完為止。

例如，如果要從五十個選項中選出十個案子，你剛好有一個非常喜愛的案

子，而你手邊有九十九點，所以，就可以針對那個案子投九票，而那九票會耗用八十一點（九乘以九）。但是，因為你還剩十八點，為了不想浪費，你可能就會再看看別的案子，多投幾個案子，以免浪費點數。這樣，別的優秀案子也可能脫穎而出。

這個方法讓每個投票的人，可以找出自己想要的投票組合。也因為分散投票，自己有投到的幾個案子，只要有一個贏了，就會覺得有參與感。

二〇一九年，美國科羅拉多州的眾議院，也採用平方投票法來表決預算分配，可見這樣的投票方法，可以應用在公眾政策上面。

您覺得國家跟國家間的關係，除了原本的政治交流、民間團體交流之外，還可能有哪些更友善、更多元的交流呢？

目前全世界面臨許多重大議題，例如這次的新冠肺炎，或是氣候變遷、假訊息等，都對各國同樣造成威脅。有時候全球利益會跟單一國家的利益相衝突，所以，「國家」這個概念在這些永續議題上，不但沒有幫助，反而容易帶來衝突。

現在許多國家有活躍的公民黑客社群，公民黑客結合不同領域的專業，加入人工智慧或大數據做為解方，由他們提供的解答，可以提供給各國做參考。

以台灣來說，我們的第一屆總統盃黑客松得主裡，有一組是以「改善自來水公司管線漏水」為提案。台灣每年的自來水管線漏水量，可能高達好幾座水庫，其中，地下管線漏水占了一半，而檢查地下漏水，又是最困難的部分。

後來，台灣自來水公司與學術界組成團隊，尋求以更科學的方法，建構大數據資料平台，運用機器學習分析資料，更快發現漏水的位置，以及預測漏水的可能性。

這個檢修系統，可以節省超過九〇%的時間，同時將查找漏水的範圍，從過去的九十平方公里，大幅縮少為一至二平方公里。而過去往往是在漏水發生後的兩個月才發現問題，現在則可縮短為一至兩天，甚至再提早為十五分鐘預警。

後來這個得主也受邀參加紐西蘭政府的交流活動，分享保育水資源的技術。

另外，台灣原住民社區所種植的肥皂草，經過品牌設計，重新打造為類似肯夢（Aveda）質感優良的美妝產品〈Blueseeds〉，我把這個經驗分享給加拿大主管原住民事務的官員，也獲得熱烈的迴響。

就像我二〇二〇年三月在東京都防疫網站的共同協作平台上留言，其實是以一個公民黑客的身分，而非以官方的身分。這種不一定透過官方、跨越國界的互助，是很珍貴的情誼。

後記

這是一段某人跨越三十九年的人生紀錄。

剛開始，我們以為要寫的是一個天才的傳奇，後來發現，我們寫的其實是一個平凡人的故事，是所有人在心裡，都曾經期待有的人生：能夠不受限地學習和探索，能夠被家人和朋友所愛，能夠做自己最愛的工作，能夠生活無虞，能夠做出對社會有益的貢獻。

唐鳳過去也跟我們有相似的煩惱，遭遇到許多試煉。不同之處，在於唐鳳選擇更特別的道路，歷經嘗試後，最後發現了符合她期望的旅程。

在決定跨越性別那一年，唐鳳選擇了「鳳」這個字，做為她的新名字。以中文來說，「鳳」是一個跨越性別的字。在龍「鳳」中，代表雌性，在「鳳」凰中，又代表雄性。

在這次與唐鳳交流的過程中，我們發現唐鳳最熱愛的三個字是「分享」、「協作」和「貢獻」。她擅長分享知識，解析複雜的概念，轉換成深入淺出的關鍵字，讓不懂的人能夠理解。

她曾經說過，在網路社群中，被大家認可的領袖，不一定是最聰明那位，而是對社群的內容「貢獻」最多的那一位。

也因此，她鼓勵大家，不只當一個下載網路內容的人，也要上傳自己的作品到網路上，成為網路的貢獻者。

唐鳳將自己的工作紀錄完整上傳到網路上（sayit.pdis.nat.gov.tw），讓我們彷彿親臨現場，參加她所參與的每一場會議。我們這次也充分活用這些資料。當然，我們也採訪了唐鳳本人，以及她的家人、師長、朋友和同事，從他們的談話中，愈來愈清晰地理解關於唐鳳的一切。

謝謝所有協助這本書順利出版的人。在此，我們衷心地感謝大家「分享」了生命中一段珍貴的時間，一起「協作」這本書，並且為想要一探究竟的讀者，做出了動人的「貢獻」！

衷心希望，每個人心裡的那個天才，有一天能夠破繭而出，這樣，這個世界，就多了更多的唐鳳，而不只是書裡這一個。

作者／丘美珍、鄭仲嵐

影響唐鳳至今的好書清單二十本

身為大家眼中的天才，許多人好奇，唐鳳究竟在讀什麼書？她最喜愛哪些書？應本書作者之邀，唐鳳公開影響她至今的二十本書單，領域跨及字典、哲學、政經與小說；也受邀於Readmoo讀墨電子書擔任二〇二〇年十月店長，深入分享其中十本帶給她的深刻啟發。讓我們從唐鳳的推薦書單，一窺她的快思慢想。

哲學，是建構思想很重要的部分，影響我最深的首推《道德經》、《邏輯哲學論》、《哲學研究》和《真理與方法》。

《道德經》是詩，把複雜的、未知的，尤其是處於未知的狀況表達得非常好，例如「惚兮恍兮其中有象」、「如嬰兒之未孩」等等，有一些比喻的方法，是他明明知道這些概念不可能講清楚的情況下，無論如何，還是讓一個六、七歲的小孩可以了解。

當代大概很少有寫程式的人可以說，《邏輯哲學論》裡面的東西沒有影響到他。對我來講，《邏輯哲學論》就好像是尋根溯源地把程式技術後面的思想層次，放到寫程式的運算思維之中，是理解世界、架構世界和建構自己與語言關係的一種方法。

我在十三、十四歲做科展時，就曾大量使用《邏輯哲學論》，因為我科展的題目，就是想辦法讓電腦能夠去演算《邏輯哲學論》裡所說的自動推導的邏輯，以現在來說，就是人工智慧的工作。

我十五歲中輟後跑去創業，過了兩年，大概十七歲時跑去大學旁聽，那時候發現後期維根斯坦推翻了自己的理論，也就是《哲學研究》。後來就繼續看他的手稿和著作，這個對我來說很重要，讓我知道意義就是用法，或者是後來再接觸到高達美（Hans-Georg Gadamer，另譯為加達默爾）寫的《真理與方法》，就是哲學詮釋學的範疇，這些大概都是我從後期維根斯坦的那個角度去開展。

至於在政經領域，我則推薦《憤怒與希望》、《世界史的結構》。

《憤怒與希望：網際網絡時代的社會運動》可以說是作者 Castells 對於前一本著作《溝通的力量》的實作書。《溝通的力量》很好的解釋了一個人的心理對感興趣的東西如何組織起來變成網絡，而網絡和網絡中間怎麼樣透過交換，讓兩個網絡都能彼此有力量。

《憤怒與希望：網際網絡時代的社會運動》是作者用《溝通的力量》裡面的理論，分析當時全世界用網路組織出來的新型態無特定大台（領袖）的社運。他告訴大家，除了是否達成訴求，在佔領的過程中，人們也經驗了一種互相理解並且做出決策的形式。後來我參加二〇一四年的三一八運動時，把這本書翻譯了一部分，當時很有意識地希望透過翻譯，將這樣的思維應用到當時的行動中。

大約是在三一八運動時，我接觸到《世界史的結構》作者柄谷行人。在我看來，柄谷的訴求不是只有在佔領的當下或是佔領者的空間，而是希望整個世界都有一種普世性宗教般的新想法，以一種無特定人、沒有對價的方式相互交換，他稱為「交換模式X」，這就好像是把《憤怒與希望》裡的做法轉換為政治倡議，一方面實現，一方面預言。

二〇一六年時，以太坊共同創辦人維塔利克·布特林（Vitalik Buterin）來找我，我後來也認識了《激進的市場》作者之一格倫·韋爾（Glen Weyl），我發現他們的興趣就是運用市場設計或機制設計，來達成運用「交換模式X」的目標；也就是透過精心設計的市場機制，促使更多人願意公開表達真正想法，為社會找出更妥善的解方。

至於在小說方面，至今印象深刻的則有《說不完的故事》、《魔戒》、《精靈寶鑽》與《芬尼根守靈》。

我在十歲時第一次讀到《說不完的故事》，當時家裡有德文版，我拿中文版想辦法讀德文版，所以應該是同一年讀兩個語言的版本。對我來說，那像是德國哲學各流派對小孩解釋的版本，也就是一個德國思想圖鑑。這本書讓我看到外面有很多種文化，其中有不同的思路和不同的可能性，而不是只有我小時候習慣的那幾種文化，是拓展文化視野的一條很重要的路。

如果不看《魔戒》，可能很難看懂《精靈寶鑽》，我也是先看《魔戒》，後來就比較理解《精靈寶鑽》。為什麼我推薦《精靈寶鑽》？是因為它更有詩的感覺，也相對比較普世，不會有一種試圖要以人類文明和歷史做為對照的沉重感。

《芬尼根守靈》是我二十歲出頭時，花比較多時間讀的一本書，以複雜度和未知度來講，好像很少有書比得上它。它本身是一個看不完的循環，好像沒有任何開始或結束，所記錄的也不是有邏輯的劇情，在裡面就好像做夢，碰到一個情節時可以胡思亂想，想到一堆不一定相干的事。

當時我對於這樣的創作方式很著迷，甚至試圖翻譯了一小部分。在我看來，芬尼根守靈是一個文字遊戲，我把它當成樂譜，它的字非常有節奏，非常有音樂性，但裡面又牽涉到別的語言等等，有非常多層次，你要先了解很多先備知識，這些曲調才發生意義。

若要說《魔戒》、《精靈寶鑽》、《芬尼根守靈》這三本書有什麼共同特色，就是沒有要說教，沒有特定旨趣，沒有特別覺得說你看完要帶走什麼人生禮物，而是看到什麼，就是什麼。（原文刊載於讀墨網路書店十月店長專輯）

更多唐鳳選書

用英語讀老子《道德經》／范光棣／商周出版

中國古典名著，將思想家老子流傳下來的發言整理成書，時序約在中國春秋時代。相較於同時代的思想家孔子，強調積極為國家、社會服務的政治主張，老子主張「無為而治」，指政府遴選有為人才，解讀、判斷時勢後，做出相應時代、順勢而為的治理方式。（唐鳳當年閱讀的為英文版本《Lao Tzu: Tao Te Ching》）

邏輯哲學論／路德維希．維根斯坦（Ludwig Josef Johann Wittgenstein）／

唐山出版社

哲學家維根斯坦的名著，於一九一八年第一次世界大戰當中完成，一九二一年先以德語出版，被認為是二十世紀最重要的哲學名作。維根斯坦認為，《邏輯哲學論》基本上解決所有哲學問題。

哲學研究／路德維希．維根斯坦（Ludwig Josef Johann Wittgenstein）／

五南出版

內含語義學、邏輯學、數學哲學、語言哲學和心靈哲學等，討論各式各樣議論。一九五三年，在維根斯坦去世後，他的親友整理其遺稿，將其出版。

真理與方法／漢斯‧喬治‧加達默爾（Hans-Georg Gadamer）／
時報文化出版企業有限公司

哲學家加達默爾在一九六〇年出版的名著。作者以馬丁‧海德格（Martin Heidegger）的思想為基準，在《存在與時間》的存在論中開展「哲學詮釋學」概念。該書被認為是加達默爾最重要的著作。

世界史的結構／柄谷行人／心靈工坊

日本哲學家柄谷行人在二〇一〇出版的名著，以「交換模式」觀點，開展並補足馬克思原先「生產模式」無法全面涵蓋的層面。柄谷跨越國家－國族（Nation-State）和資本的解釋，倡導「世界同時革命」，並將《黑格爾法哲學批判》重新解釋，釐清新自由主義，指出馬克思主義原先在經濟學上無法處理的上層結構性問題。

重編國語辭典修訂本／教育部國語推行委員會／教育部

一部內容詳盡、不收費、排版優質的線上漢語辭典，共收錄二萬多個國際（GBK）漢字、十五萬多個詞條。為唐鳳在維護線上多語字典《萌典》時最常參考的字典。

臺灣閩南語常用詞辭典／教育部國語推行委員會／教育部

第一部由政府主持編纂之閩南語辭典，收錄常用詞約一萬三千餘筆，提供用字、音讀、華語解釋、近反義詞等資料，並提供例句或例詞以幫助學習及理解，部分詞目並附有圖片，另有豐富的附錄資料。對閩南語用字或臺羅拼音若不甚熟悉，也可藉由對應華語來查詢。

臺灣客家語常用詞辭典／教育部國語推行委員會／教育部

共有一萬五千四百五十四筆詞目，並收錄大埔、饒平、詔安、南四縣等腔共計七千四百零二筆相關資料。辭典系統於二〇〇八年五月公開試用版，經資料修訂及系統重新建置後，於二〇一九年十一月改版上線，供各界人士使用。

阿美語辭典／吳明義／南天書局

收錄三萬多個詞彙，為至今阿美族語辭典中最豐富的一本。除了一般通用詞彙之外，特別標註了各地方言的不同用法，例如，太巴塱語、馬太鞍語、池上語、東海岸語。

黑話檔案／拉斐爾．芬克爾（Raphæl Finkel）

統整電腦程式黑客們普遍使用俚語的用語辭典。原先是一九七五年的史丹佛大學教授芬克爾製作，隨後開始流傳到麻省理工大學。經過不斷反覆細膩修訂，目前已經不限於該兩所大學，成為黑客共有的資源。

若為自由故／山姆．威廉斯（Sam Williams）／人民郵電出版社

力倡軟體的自由使用、分享、修正的「自由軟體運動」大師史托曼的介紹著作。他在美國自由軟體運動史上扮演不可或缺的角色。史托曼發起GNU（自由的作業系統）專案，也成立自由軟體基金會。

資訊交流的力量／曼威．柯司特（Manuel Castells）／Oxford University Press

柯司特為西班牙的資訊社會學者。他認為，網際網路已不再是情報交換的場所，而是變成各方列強角逐之地。社交網路等個人色彩及地域性強烈的媒體，也能將自身影響力擴展到全世界。作者特別觀察到，這些新興媒體未來如何對政治以及環保運動產生影響。

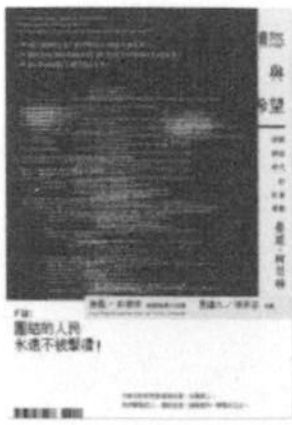

憤怒與希望：網際網絡時代的社會運動／曼威．柯司特（Manuel Castells）／南方家園

與上一本同為柯司特的名著，以銳利的言詞與清楚的脈絡，導覽二〇一〇年後在世界各地發生的網路社會運動是如何串連與發酵。不單是西班牙，包括冰島、土耳其、美國的「占領華爾

街」到埃及的「阿拉伯之春」，透過網路社會運動，能對對政治體制產生如何影響？或者，為何無法造成影響，原因又是為何？

激進市場／格倫・韋爾（E. Glen Weyl）、艾瑞克・波斯納（Eric A. Posner）／八旗文化

作者波斯納與韋爾認為，當前世界面臨三大濟危機，包含富裕層級的富有獨佔、經濟成長率與生產力急落，以及膠著的民主主義，讓民粹型的領導者與其政策反而凝聚人氣。本書以激進的切入點，強調積極擴展市場，創造更自由、高競爭力與開放的社會來應對。

詩經／饒宗頤、陳致、黎漢傑編／中華書局

中國最古老的詩篇總集，囊括西周初年至春秋時代中葉，詠嘆庶民生活的詩歌作品三百零五篇。從漢朝起，儒家學者便將其奉為經典，並將其謂之《詩經》。作者多數不可考證，流傳各種不同的說法。

基地邊緣／以撒．艾西莫夫（Isaac Asimov）／奇幻基地

一九八三年雨果獎最佳長篇小說獎的作品。描寫基地紀元約五百年後，第一基地的年輕議員們，在獲得最先進的太空艇「遠星號」，展開銀河之旅之餘，也企圖證明，原本被認為早已滅亡的第二基地，其實私底下依然存在。

說不完的故事／麥克安迪（Michæl Ende）／遊目族

兒童奇幻小說。主角是名叫巴斯提安的小男孩，他在偶然發現一本《說不完的故事》後，從書中發現幻想國漸漸被吞沒崩壞。慢慢閱讀下，巴斯提安也不自覺的成功進入這個國度，透過旅程拯救了幻想國世界，也找到了真實的自己。

精靈寶鑽／托爾金（J.R.R Tolkien）／聯經出版事業股份有限公司

書中描寫神的精靈所創造的天地，世界中圍繞著偉大寶石而掀起許多爭奪，此外，長生不死的精靈與有限生命的人類間的創世記神話。此書遠比《魔戒》的時代古老許多，當中活躍的愛隆與凱蘭崔爾，都在這齣古老偉大的作品中演繹重要的角色。

芬尼根守靈／詹姆斯．喬伊斯（James Joyce）／書林出版有限公司

由愛爾蘭小說家、詩人喬伊斯所撰寫的最後一部長篇小說。內容融合神話、民謠與真實情節，喬伊斯在書中大玩語言藝術與文字實驗，常常將一個語彙分解後重組。喬伊斯用了十七年的歲月書寫，被譽為是世界上最難解讀、幾近無法翻譯的作品。

呼吸／姜峯楠／鸚鵡螺文化

倘若在遙遠的未來，我們可以透過裝置，和許多平行時空的另一個自己交談。結果卻發現，不同時空的你做了不同的選擇，人生變得很不一樣，那麼，究竟哪一個才是「真正的你」？「真正的你」究竟存在不存在？

史上第一個榮獲「雨果獎」的華裔美籍作家姜峯楠（Ted Chiang），《呼吸》是他在二〇二〇年推出的最新作品。不僅美國前任總統歐巴馬強力推薦，視此書為「科幻小說中的極品」。多年來，作者以精雕細琢的寫作風格著稱，出道至今雖然只寫下不到二十篇中短篇小說，每篇作品總在當年橫掃各大獎，引起廣泛討論。

唐鳳曾在一次訪談中分享，姜峯楠的作品不會花太多時間討論艱澀的科學原理，而是花許多力氣描繪社會因某項科技可能產生哪些影響力，以及思索人類在研發某項科技前，能如何預先避免或降低負面效應。

定位點 003

唐鳳

我所看待的自由與未來

作　　者｜丘美珍、鄭仲嵐
責任編輯｜林胤斈、李佩芬
編輯協力｜陳珮雯、林穀香
校　　對｜魏秋綢、林冠妤、唐鳳
封面攝影｜Jessie Ho / LEZS
內頁、封面設計｜黃育蘋
內頁排版｜張靜怡
行銷企劃｜林靈姝、蔡晨欣、林育菁

發 行 人｜殷允芃
執 行 長｜何琦瑜
總 經 理｜游玉雪
總　　監｜李佩芬
副 總 監｜陳珮雯
資深編輯｜陳瑩慈
資深企劃編輯｜楊逸竹
企劃編輯｜林胤斈、蔡川惠
版權專員｜何晨瑋、黃微真

出 版 者｜親子天下股份有限公司
地　　址｜台北市 104 建國北路一段 96 號 4 樓
電　　話｜(02) 2509-2800　傳真｜(02) 2509-2462
網　　址｜www.parenting.com.tw
讀者服務專線｜(02) 2662-0332　週一～週五：09:00~17:30
讀者服務傳真｜(02) 2662-6048
客服信箱｜bill@cw.com.tw

法律顧問｜台英國際商務法律事務所　羅明通律師
製版印刷｜中原造像股份有限公司
總 經 銷｜大和圖書有限公司　電話｜(02) 8990-2588

出版日期｜2020 年 11 月第一版第一次印行
2021 年 7 月第一版第五次印行
定　　價｜450 元
書　　號｜BKELS003P
I S B N｜978-957-503-694-2（平裝）

訂購服務
親子天下 Shopping ｜ shopping.parenting.com.tw
海外・大量訂購｜ parenting@cw.com.tw
書香花園｜台北市建國北路二段 6 巷 11 號　電話｜(02) 2506-1635
劃撥帳號｜ 50331356 親子天下股份有限公司

國家圖書館出版品預行編目 (CIP) 資料

唐鳳：我所看待的自由與未來／丘美珍、鄭仲嵐作.
-- 第一版. -- 臺北市：親子天下, 2020.11
288 面；14.8×21 公分. --（定位點；3）
譯自：Au オードリー・タン：天才 IT 相 7 つの顔
ISBN 978-957-503-694-2（平裝）

1. 唐鳳　2. 臺灣傳記

783.3886　109016359